AF610323

LETTRE
DE M. JOLYCLERC,

Ancien vicaire - général du diocese de Lyon,

A MM. BONJOUR,

Ainsi qu'à leurs apologistes, & aux auteurs des lettres & écrits publiés pour leur défense.

1788.

LETTRE

DE M. JOLYCLERC,

Ancien vicaire-général du diocese de Lyon.

A MM. BONJOUR,

Ainsi qu'à leurs apologistes, & aux auteurs des lettres & écrits publiés pour leur défense.

JE vous dois depuis long-temps, Messieurs, un mot de réponse, & des observations sur les œuvres tout-à-la-fois extravagantes & irréligieuses que vous vous êtes permis d'opérer en divers lieux, spécialement à Fareins-les-Dombes. Le public excusera sans doute mon retard. Pouvois-je croire que le fanatiſme ſe porteroit au point de faire parade de principes viſiblement oppoſés & au jugement de la raiſon & à l'enſeignement du chriſtianiſme, & qu'il tenteroit de les juſtifier par des écrits? Pourrois-je croire que des miniſtres formés ſous les ailes d'un prélat conſidéré comme une des lumieres de l'égliſe dans ce ſiecle, & qui dans d'autres temps lui montroient le plus grand dévouement, étoient des trompeurs qui ſe plairoient dans la ſuite à faire le ſupplice de ſes vieux jours, & qu'ils oppoſeroient l'entêtement & l'inſubordination à ſes remontrances & à ſes ordres? Devois-je d'ailleurs me hâter de manifeſter des faits trop odieux, des délits inconnus juſqu'à nous, & me preſſer de livrer au ridicule & à la dériſion des peuples, des eccléſiaſtiques deſtinés par état à être leur bouſſole & leur flambeau?

C'eſt donc avec peine, je l'avoue, Meſſieurs, que j'entreprends d'entrer en diſcuſſion avec vous, & de dévoiler le myſtere de vos abſurdités : il faut bien m'y réſoudre puiſque vous m'y forcez par vos déclamations, & par la publicité de vos écrits. Mais, avant tout, je dois avertir ceux qui liront mon ouvrage, qu'il feroit injufte de rejeter fur le clergé de ce vafte diocefe la turpitude de vos écrits, 1°. parce que des principes auffi dépourvus de bon fens, & autant éloignés des maximes de la religion, que ceux des convulfionnaires & des fecouriftes, ne fauroient être imputés à des êtres fenfés, encore moins à des hommes formés par les études épurées du facerdoce ; 2°. parce que votre nombre au milieu de nous eft fi modique, que quand même vous feriez féparés, & jugés indignes d'exercer un état que vous déshonorez, votre privation ne formeroit aucun vuide dans les travaux de notre miniftere. Car enfin, Meffieurs, regardez autour de vous ; fur cinq cents eccléfiaftiques occupés aux fonctions paftorales dans les provinces de Breffe & de Dombes, en compterez-vous plus de fept qui aient adoptés le fyftême de vos folles rêveries !

Le premier écrit fur lequel je dois éclairer le public, eft celui que vous avez intitulé : *Lettre d'un curé du diocefe de Lyon à fes confreres, fur l'enlevement de M. Bonjour, curé de Fareins.* Trois d'entre vous me paroiffent s'être accordés pour combiner cet ouvrage : l'un a composé cette fameuse élégie qui, en élevant au plus haut degré de mérite & de sainteté MM. Bonjour, attaque si ridiculement la personne de M. de Montazet ; lui reproche de violer les loix de l'église, de dégrader le siege des *Pothin* & des *Irénée*, & prétend prouver que les faits de Fareins n'ont pas été suffisamment éclaircis. Le second, pour couvrir & imiter le vrai délire de son confrere, prend le ton prophétique ; annonce que la corruption des hommes est à son comble ; parle du prophete Elie comme de l'inspirateur des miracles de Fareins, & des miracles de Fareins, comme des avant-coureurs de ce prophete, & croit voir par ces œuvres vraiment ténébreuses *la jeunesse de l'église se renouveller comme celle de l'aigle*, &c. Enfin, votre troisieme écrivain s'est chargé de compiler sur des livres ridiculisés & déja de toute part oubliés, des faits absurdes, des visions extravagantes, des miracles d'un nouveau genre, plus propres évidemment à inspirer l'horreur, & à décrier la sainte église & son évangile de douceur, qu'à ramener à elle, selon les prétentions des secouristes, les incrédules, les libertins & les impies.

A vos trois plumes je répondrai, Messieurs, par trois principes bien opposés aux vôtres. Le premier, c'est que votre narration n'est pas véridique, que nulle cause n'a été plus approfondie que celle de MM. Bonjour, qu'il y a ou fourberie, ou délire, ou une noirceur impardonnable dans leurs délits.

Le second que votre marche n'est pas celle de l'évangile, ni votre conduite celle des apôtres, & par conséquent que vous êtes, ainsi que vos prophétesses & vos *miraculées*, un fléau pour la religion, des perturbateurs dans le sein de l'état, des énergumenes, des imposteurs & des impies.

Enfin mon troisieme principe contre vous établira que le rédacteur de vos derniers arguments est d'une mauvaise foi évidente, que ses relations portent sur des objets dont l'imposture a déja été dévoilée, & que les merveilles qu'il annonce sont également des faits controuvés.

Tels sont mes moyens envers vous, Messieurs: qu'ils sont durs, dites-vous! mais songez que j'ai le public à instruire; feu M. l'archevêque de Lyon, qui m'avoit honoré de sa confiance, à justifier contre les inculpations de vos écrivains ; & les personnes que vous avez ou ébranlées, ou entiérement séduites, à détromper. J'entre en matiere.

PREMIER PRINCIPE

ET

PREMIER MOYEN.

Que la narration des écrivains apologistes des œuvres opérées à Fareins n'est pas véridique ; que nulle cause n'a été plus approfondie que celle de MM. Bonjour ; qu'il y a ou fourberie, ou délire, ou une noirceur impardonnable dans leurs délits.

CE n'est pas dès le moment où le caractere du sacerdoce chrétien fut imprimé sur la personne de MM. Bonjour, qu'on a vu ces ecclésiastiques se précipiter dans les écarts des secouristes & des convulsionnaires. Il fut un temps où plus soumis à la voix de leur évêque & aux regles de l'église, plus tranquilles & ne manifestant aux dehors que des vues droites & chrétiennes, ils mériterent la bienveillance & l'attachement de leur supérieur spirituel : c'est de lui, c'est de M. de Montazet que M. Bonjour l'aîné tient la cure de Fareins. Cette paroiſſe pleuroit alors la perte de M. Lemoine, ſon ancien & excellent paſteur. M. Bonjour, doux & affable, doué du don de la parole, pleinement inſtruit de la ſcience de ſon état, fit bientôt oublier aux habitants de ce lieu le malheur qu'ils venoient d'éprouver. Qui auroit prévu à cette époque le changement de cet homme, & qu'il deviendroit dans la ſuite ſi différent de ce qu'il étoit dans les premiers temps de ſon miniſtere ? Sa régie édifiante & chrétienne ſe ſoutint juſqu'au temps de M. Bonjour le cadet, arrivé d'Alais où il avoit profeſſé dans un college & probablement fait quelques études théologiques, eſt envoyé pour vicaire à Fareins. Dès-lors tout commence à changer de face. M. Bonjour l'aîné ſimple & modeſte veut devenir avec ſon frere un homme miraculeux. Les prodiges qu'ils croient avoir été opérés au cimetiere de S. Médard ſont médités & réfléchis : la vie de M. de Paris eſt ſubſtituée à toute autre lecture. Et pourquoi n'eſſaierons-nous pas ſur nos paroiſſiens, ſe dirent-ils ſans doute entr'eux, d'opérer les merveilles que Dieu, pour exalter la gloire du S. diacre, a accordées à tant de pieux personnages? L'essaise fait, & la nommée Laurent, voisine de la cure & épouse d'un tisserand de ce lieu, en fournit les moyens. Voici le prodige ; il se passa dans le cours de l'année 1783, & comme la relation de MM. Bonjour se trouve imprimée à la suite d'une nouvelle vie de M. de Paris, publiée en 1788. Je vais extraire les circonstances les plus vraies de cette relation ; mais j'y ajouterai celles qu'il étoit sans doute essentiel à ces Messieurs d'omettre en leur entier.

Françoise Chatellard épouse en premieres noces du nommé Jean Laurent tisserand de Fareins, éprouve à la suite d'une couche un dépôt de lait au sein droit. Après quelque temps de souffrance, elle s'adresse à ses voisines, leur demande les remedes qui pourroient la guérir. Diverses d'entr'elles lui en indiquent ; elle en essaie plusieurs, mais ils ne servent qu'à aggraver le mal, & bientôt il se forme une tumeur de la grosseur d'un œuf. Les douleurs croissent de jour en jour, la fievre se déclare ; les voisines conseillent de percer la tumeur. L'ouverture se fait avec un canif ; il sort une quantité considérable de pus. La malade se trouve un peu soulagée ;

elle recouvre le sommeil ; mais peu de jours après les douleurs recommencent, la fievre renaît, de nouvelles tumeurs se déclarent, & la malade se décide à faire appeller un chirurgien habile. Le chirurgien opere suivant les regles de l'art ; il ordonne des cataplasmes émollients ; il applique les onguents les plus forts & les plus capables de dissoudre les tumeurs : *tout a été inutile*, écrit le rédacteur de cette relation ; *Dieu vouloit que cette maladie fût pour sa gloire. Depuis long-temps, je pensois en moi-même*, ajoute-t-il, *qu'il seroit bien digne de Dieu d'opérer une pareille guérison ; mais mon peu de foi me répliquoit aussi-tôt, que nous étions indignes de pareilles faveurs. Enfin, concevant plus de confiance en la puissance de Dieu, je lui fis lire*, c'est-à-dire à la nommée Laurent, *le miracle opéré sur la veuve Mercier ; ensuite la vie du diacre Paris, & lui rapportai quelques autres miracles accordés à l'intercession du saint pénitent.* Cette femme étant déterminée, M. Bonjour lui ordonne une neuvaine, offre le saint sacrifice à son intention ; & le jour indiqué pour le commencement de la neuvaine, il la fait conduire à l'église, soutenue sur les bras de sa sœur. *Huit jours aupara-*

vant, annonce encore la relation, *le chirurgien avoit essayé une pommade mercurielle pour en oindre le sein de la malade, en recommandant d'en mettre le moins qu'on pourroit. Les parents de la malade, peu accoutumés à la maniere d'employer ces sortes de remedes violents, consumerent en un jour & demi ce qui devoit servir pour huit. Cette imprudence eut de effets terribles, le sein & le bras devinrent plus enflés, & les douleurs plus aiguës; l'effet se fit sentir sur l'autre sein & sur le bras gauche; il survint un mal de gorge, les gencives parurent toutes rongées, & les dents presque décharnées. La malade ne pouvoit presque ni manger, ni parler, souffrant des grands maux de dents & de toute la tête.* Alors le chirurgien, ajoute-t-on, ordonne de bien laver le sein, de n'y plus mettre que des cataplasmes simples, de boire beaucoup de tisane, de faire des gargarismes pour soulager le mal intérieur de la bouche. *Cette ordonnance du chirurgien vint un peu tard*, continue l'auteur de la relation, *la neuvaine étoit résolue; cependant elle commença à en faire usage, pour obéir à ses parents.* « Au bout de quelques jours de „ neuvaine, est-il dit de plus, M. le „ curé reproche à cette femme de n'avoir

„ pas renoncé entiérement à des remedes „ dont elle éprouvoit depuis long-temps „ l'inutilité, & lui repréſente que Dieu „ étoit jaloux de ſa gloire. En conſé- „ quence on enleve les cataplaſmes, & „ on met ſeulement ſur le ſein *un linge* „ *qu'elle avoit fait toucher à l'image du bien-* „ *heureux diacre, qui étoit à la tête de ſon* „ *livre.* „ La relation finit en annonçant que " la neuvaine achevée, la nommée „ Laurent, après avoir communié, ſen- „ tit ſes gencives raffermies, qu'elle ſor- „ tit de l'égliſe, en parlant avec plus „ de facilité qu'antérieurement, & „ qu'elle mangea comme avant ſon in- „ firmité. „

Tel eſt le premier prodige opéré à Fareins ſous la direction de MM. Bonjour. Ses apologiſtes nouveaux m'accuſeront-ils d'en avoir affoibli la peinture ? Je l'ai extrait de mon mieux ſur la relation imprimée que ces curés en ont donnée, & j'ai tranſcrit en lettres *italiques*, mot pour mot, les endroits les plus frappants. Mais ce que je vais ajouter, répondra-t-il à leurs vues ? Et pourquoi me tairois-je ? La religion a-t-elle beſoin de l'écrit d'un trompeur pour ſoutenir ſon luſtre ? M. Joudioux, maître en chirurgie à Villefranche en Beaujolois, eſt celui que la nommée Laurent a fait appeller pour trouver quelques remedes à la rigueur de ſes maux. Pleinement inſtruit, connu pour poſſéder tout-à-la-fois & la droiture du cœur & les lumieres de ſon art, c'eſt lui qui ſe trouve le véritable auteur de la guériſon de cette infortunée. En vain M. Bonjour a-t-il cherché à attribuer à ſes vues les éloges de cette cure; M. Joudioux n'a pu ſe réſoudre à lui céder la gloire de cet eſſai : en vain cet eccléſiaſtique s'eſt-il efforcé de captiver en ſa faveur les ſuffrages de ceux qui en furent les témoins, & leur a-t-il propoſé de ſigner avec lui la relation merveilleuſe qu'il en a publiée : en vain s'eſt-il emporté contre le refus qu'il a éprouvé; ſon vicaire eſt le ſeul qu'ait oſé affronter avec lui les dangers du ridicule. M. Joudioux ne voyoit rien de mortel dans la maladie de la nommée Laurent (*a*); il connoiſſoit le remede qui devoit la guérir. La trop grande précipitation de cette

(*a*) M. Joudioux, dînant chez M. le curé, l'en avoit prévenu, & le lui avoit repété en diverſes circonſtances.

femme dans l'uſage du remede, avoit pu augmenter les ſouffrances; les criſes & les ſymptômes devoient naturellement être plus effrayants, malgré l'imprudence de la malade, tout s'eſt paſſé ſuivant les vues de l'habile artiſte. De tout temps il l'a atteſté; il en a délivré depuis peu un certificat, pour éclairer l'illuſtre prélat qui gouverne aujourd'hui notre égliſe. Où eſt donc la certitude du miracle publié par MM. Bonjour (*a*)? Que l'aîné rappelle à ſa mémoire l'étonnement de M. de Montazet, lorſqu'il fut inſtruit de ſon entrepriſe indiſcrette; qu'il médite ſur les juſtes repréſentations du prélat. Ce curé fut mandé à Lyon pour rendre compte de ſa conduite. Il promit de renoncer à l'œuvre ſuperſtitieuſe dans laquelle il s'étoit trop légérement précipité. Mais de retour à Fareins, auprès de ſon tendre & plus jeune frere, il oublia bientôt la parole qu'il avoit donnée à ſon ſupérieur;

(*a*) La nommée Laurent alla, quinze jours après ſa guériſon, remercier ſon médecin. Elle témoignoit hautement qu'elle le regardoit comme celui aux ſoins duquel elle devoit ſa guériſon. A cette époque, elle avoit encore les gencives en mauvais état, & beaucoup de peine à manger même la mie du pain.

il médite un nouvel essai ; & la même Françoise Chatellard, épouse du nommé Laurent, en fournit encore les moyens.

O mes lecteurs, & vous qui ne craignez pas de vous compromettre en épousant avec tant de chaleur la cause de deux ecclésiastiques trop fatalement égarés ! quelle va être votre surprise au récit de la catastrophe qui précipita la nommée Laurent dans la nuit du tombeau !

La relation de ce second fait se trouve imprimée, ainsi que la premiere, & présentée comme un miracle, à la suite de la vie du diacre Paris, édition de 1788.

Je vais donner l'extrait de cette relation, mais j'y ajouterai ce qui s'y trouve omis. « Le 20 juillet 1783, la nommée » Laurent traversant une galerie en bois, » tombe avec le plancher qui s'écroule » sous ses pieds : le bruit de cette chûte » & ses cris font accourir les voisins. » La nommée Laurent étoit enceinte ; » on la releve, on découvre qu'elle a la » jambe cassée, on l'emporte à son domicile. Un chirurgien est appellé, il » reconnoît la fracture, elle étoit sans » aucune esquille ; il opere suivant les » regles de l'art, & annonce qu'il faut

„ quarante jours pour que le calus ſoit „ formé. Dans l'intervalle, & le troi- „ ſieme jour, eſt-il dit, après ſa chûte, „ pleine de confiance en Dieu, & en la „ protection du bienheureux diacre, elle „ ôte les bandages. Le chirurgien arrive, „ & ſe trouve étonné de cette guériſon „ ſi prompte. *Cependant*, continue-t-on, „ *le 10 Août, la nommée Laurent ſentoit en-* „ *core de la foibleſſe à ſa jambe, comme ſi* „ *c'eût été*, diſoit-elle, *celle d'un enfant;* „ *& elle ſe ſervoit encore de béquilles; mais* „ *voici à quoi elle attribue ce reſte d'infirmité.* „ La nuit où elle ſe fit ôter l'appareil, „ elle avoit entendu une voix qui lui „ avoit crié à diverſes repriſes: leve-toi, „ & marche; Elle craignit de tenter „ Dieu, marchant avec ſa fracture, „ parce qu'elle étoit enceinte. Elle ſe „ reproche ſon peu de foi, & eſt per- „ ſuadée que ſi elle avoit marché & „ obéi à la voix, elle ſeroit totalement „ guérie. » Ici finit la relation de meſ- ſieurs Bonjour; je vais la continuer. A l'époque où MM. Bonjour penſoient que la fracture devoit commencer à être guérie, ils conviennent entr'eux de faire reconnoître le miracle & de le publier à toute leur paroiſſe. La meſſe d'action de grace eſt annoncée ; M. le curé monte à l'autel, ordonne à ſes paroiſſiens d'aller chercher la nommée Laurent, & de l'amener à l'égliſe ; elle ne pouvoit encore marcher librement. On la porte ſur un fauteuil ; la meſſe ſe célebre. L'*ite miſſa eſt* prononcé, M. le curé ſe tourne du côté de ſes paroiſſiens, & prenant le ton d'un prophete, il s'écrie : *Femme Laurent, de la part de J. C. Notre-Seigneur, levez-vous, marchez & retournez chez-vous.* La femme Laurent ſe leve, mais auſſi-tôt retombe ſur ſon fauteuil en pouſſant le cri le plus aigu. On accourt, on l'interroge ; elle répond par des larmes. Le calus n'étant pas ſuffiſamment formé, l'os de la jambe s'étoit recaſſé. On la rapporte chez elle ; bientôt elle reſſent les douleurs les plus vives, l'inflammation ſe met à la jambe, & la fievre ſe déclare. Le chirurgien-rhabilleur eſt appellé ; il refuſe de venir, & s'emporte contre l'imprudence de MM. Bonjour. Ceux-ci ont recours aux livres de chirurgie ; trop inexperts, leurs efforts ſont impuiſſants. La fievre & les douleurs ne font que croître ; la pauvre Laurent accouche avant ſon terme d'un enfant mort, ou qu'on a à peine le temps d'ondoyer ;

& elle-même victime du fanatiſme de ſes paſteurs, expire dans les douleurs les plus grandes. L'extrait mortuaire de l'enfant eſt ſur les regiſtres de la paroiſſe de Fareins, à la date du 23 ſeptembre 1783, & celui de la mere, à la date du 27 octobre ſuivant.

Voilà ſans doute des faits qu'il eſt fâcheux de préſenter au grand jour; mais, Meſſieurs, tandis qu'on cherche à les couvrir du voile le plus épais, tandis qu'on ſe tait, & qu'on ſe contente de mettre à l'écart des êtres aſſez mal organiſés pour s'expoſer à de pareilles entrepriſes, & les répéter à chaque pas, pourquoi vous permettez-vous d'attaquer avec atrocité la marche ſage & les vues modérées de leur ſupérieur & du vôtre ? Pourquoi inſultez-vous avec aigreur aux perſonnes qui l'entouroient & qui ſe plaiſoient à partager le poids de ſes ſollicitudes épiſcopales ? Pourquoi cette orgueilleuſe oſtentation, cette manie impie qui cherche à tromper les hommes, & à attribuer au Tout-Puiſſant des œuvres qui ne ſont autres que les actes d'un inſenſé ou d'un pervers ?

Enfin vous le voyez, Meſſieurs, la conduite de MM. Bonjour dans la régie de leur paroiſſe avoit été bien éclaircie; les faits ſuivants acheveront de vous en convaincre.

Nous avons annoncé ci-devant que M. Bonjour l'aîné avoit été nommé à la cure de Fareins, par M. de Montazet. Les remontrances réitérées du prélat ſon bienfaiteur étoient tout-à-la-fois un poids trop onéreux, & un obſtacle à de nouveaux projets. Les eſſais faits ſur des malades avoient échoués; aucun même des habitants de Fareins ne croyoit à la réalité du pouvoir des nouveaux Thaumaturges de ce lieu. Un autre plan eſt formé; bientôt la paroiſſe doit ſe trouver inondée d'un eſſaim de poſſédés du démon. Le peuple de la campagne, plus crédule d'ordinaire que le reſte des hommes, laiſſoit l'eſpoir de la réuſſite. Mais comment l'entreprendre? M. l'archevêque, trop affligé de la conduite d'une perſonne qu'il avoit autrefois ſinguliérement protégée, veilloit avec ſoin & tonnoit à chaque pas. Réſiſter avec trop de fermeté, c'étoit manquer à la reconnoiſſance. M. Bonjour le cadet croyoit devoir beaucoup moins au prélat: il avoit été élevé à Alais; il s'étoit abſenté du dioceſe pendant de longues années, & n'avoit reparu qu'à l'époque où ſon frere l'avoit appellé pour être ſon vicaire. L'aîné ſe décide à réſigner : l'acte ſe paſſe ſans en faire part à M. l'archevêque ; & le cadet devient curé en titre de la paroiſſe de Fareins (a).

Le nouveau curé de cette triſte paroiſſe ne ſonge plus qu'aux moyens d'établir avec ſolidité la nouvelle œuvre, & de convertir ſon peuple en un troupeau de démoniaques, ou de convulſionnaires. Mais ſon frere aîné ne lui paroiſſoit pas ſuffiſamment inſtruit. Il l'envoie à Paris, ſe former dans les atteliers convulſifs ; il l'envoie y apprendre l'art des ſecouriſtes & la maniere de faire ſûrement des miracles. L'ancien curé paſſe pluſieurs mois à ſuivre cette étude. Enfin il revient ; dès-lors il dépouille l'habit de ſon état, il s'éloigne du ſanctuaire, & renonce à toutes les fonctions ſacerdotales. Couvert de vieux haillons, mais ne pouvant s'ab-

(a) Je tiens de M. Darles, alors archiprêtre de cette partie de Dombes, qu'inſtruit par la rumeur publique de cette réſignation, il s'étoit tranſporté à Fareins, pour en empêcher l'effet ; mais que M. Bonjour le cadet lui en avoit nié la réalité juſqu'à la veille du jour où il ſe mit en poſſeſſion. M. Darles m'a dit encore que, lorſque M. l'archevêque en apprit la nouvelle, il témoigna la plus grande affliction, & qu'il l'avoit entendu s'écrier : ce petit drôle ne m'a jamais plu, il a gâté ſon frere, & il me donnera bien des ſoucis.

ſenter des offices ſans ſcandale, il choiſit la place la plus rapprochée du portique de l'égliſe. Bientôt auſſi une bande de démoniaques eſt formée dans la paroiſſe de Fareins ; bientôt tout le voiſinage retentit du bruit de leurs déſordres. Des moines fanatiques accourent ; on voit de même arriver quelques prêtres iſolés & inconnus. Ce qu'il y a de plus reſpectable parmi les paſteurs de cette province, & les anciens amis de meſſieurs Bonjour, s'enfuient & ne paroiſſent plus. Quels jours plus funebres ! quels temps plus ſombres & plus fâcheux ! On emploie des exorciſmes que notre ſiecle ne connoiſſoit pas ; on ſort de la pouſſiere d'anciennes formules contre les ſorciers & contre les ſortileges ; on invente de nouvelles pratiques : tantôt c'eſt avec la Bible qu'on frappe à coups redoublés ſur le corps des malheureuſes démoniaques ; tantôt on verſe de l'eau bénite à grands flots, & une goutte de cette eau répandue ſur leur poitrine les brûle comme un charbon ardent qui les auroit atteintes. On les dépouille de leurs vêtements ; on les bat avec des verges ; des moines ſe prêtent à cette charitable beſogne, & le miniſtre du ſupplice peut ſeul devenir l'inſtrument de la guériſon.

O mes lecteurs, ne vous ſcandaliſez pas ! rappellez-vous que le nombre de ces inſenſés eſt petit, & qu'il exiſta des frénétiques dans tous les ſiecles ! Mais les délits qui craignent le plus la lumiere peuvent-ils toujours l'éviter ? tôt ou tard ils ſe dévoilent ainſi que leurs fauteurs. C'eſt ce qui arriva à Fareins. Pluſieurs filles démoniaques ſe laſſent à la fin du rôle qu'on leur fait jouer. Trop rudement battues, elles ſe dégoûtent & fuient au travers des champs la rigueur de leurs exorciſtes. Marguerite Bernard & Etiennette Thomaſſon ſont à la tête ; & comment empêcher ces filles de parler ? Elles ſe plaignent, elles verſent des torrents de larmes, elles racontent tout (*a*). Il étoit de l'intérêt des exorciſtes de

(*a*) On peut me demander ici quel étoit le nombre de ces filles. Je n'ai pu l'éclaircir : mais ce que je ſais, c'eſt que M. Bonjour ſe trouvant au château de Flécheres, & racontant leur malheur à M. le marquis de Sarron, ſeigneur de Fareins, lui annonça ainſi qu'à M. Boucher, citoyen de Lyon, & propriétaire de pluſieurs domaines en cette paroiſſe, & à d'autres perſonnes, que le nombre de ces filles *poſſédées du démon*, étoit de treize ; que deux hommes commençoient à avoir les ſymptômes, avant-coureurs de ce mal, & qu'il prévoyoit que bientôt la moitié de ſes paroiſſiens ſeroit dans le même cas.

tather

tâcher de les ramener. On les voit se disperser dans la campagne, voler au devant de ces pauvres infortunées. Quelques-unes se rendent ; mais Marguerite Bernard & Etiennette Thomasson qui avoient été le plus rudement battues, (sans doute parce qu'elles étoient les plus folles) s'obstinent à ne vouloir plus revoir les ministres de leurs supplices. Une semaine s'écoule ; le dimanche arrive, & M. le curé apprend qu'elles sont renfermées dans une chambre qui appartenoit à l'une d'elles. Il appelle Jean Laurent & Claude Chatellard, ses voisins (*a*). On convient de choisir l'heure de vêpres, après qu'elles auroient été commencées, pour les surprendre & s'en emparer. Nos trois secouristes partent à l'heure indiquée ; l'un d'eux frappe à la porte de la chambre, & M. le curé s'écrie : *ouvre, ma fille Thomasson ; c'est ton bon papa qui vient pour te donner les secours dont tu as besoin. Que le bon papa aille au diable*, répond Marguerite Bernard, *nous avons pris notre parti, & nous ne voulons plus être tourmentées ; nous n'ouvrirons pas*. Leur

(*a*) Ils étoient sans doute les deux hommes presque démoniaques, dont M. le curé avoit parlé à M. le marquis de Sarron.

résistance détermine à faire des efforts pour enfoncer la porte ; elles la défendent vigoureusement, & parviennent à briser un bâton qui servoit de lévier. On désespéroit de parvenir au but, lorsque le nommé Chatellard s'écrie : *il me vient une inspiration de Dieu, c'est d'entrer par la fenêtre.* On va chercher une échelle à la cure : l'assaut se donne, & l'un des assaillants se jette dans la chambre ; il en ouvre la porte, y introduit son curé & se retire avec son camarade. M. le curé referme la porte, reste jusqu'à deux heures après minuit avec ces filles, & leur administre les secours de son art. A deux heures passe un habitant, il entend les sanglots, il fait du bruit : ces filles l'appellent ; M. le curé ouvre la porte & s'évade. L'habitant étoit le frere de Marguerite Bernard ; il l'emmene chez lui ; la Thomasson suit sa compagne, & dès le lendemain elles s'occupent de quitter la paroisse. La mere de Marguerite Bernard affligée du départ de sa fille, va trouver M. M***. le prie d'empêcher ce départ, parce que sa fille est trop jeune, & de la soustraire, en la prenant chez-lui, à la tyrannie de M. Bonjour. M. & Mad. M*** étoient trop honnêtes pour se refuser à cette bonne œuvre. Ils reçoivent dans leur domicile de Fareins, Marguerite Bernard ; ils sont témoins des pleurs qu'elle répand en leur dévoilant la marche & les excès de MM. Bonjour. Ils la conservent auprès d'eux jusqu'à l'heure de la messe du dimanche suivant. La mere Bernard vient chercher sa fille, & la conduit elle-même à cet office ; mais elle ne s'attendoit pas au piege qui avoit été dressé. Tout d'un coup, comme elle entre à l'église, sa fille est enlevée ; l'affluence des paroissiens empêche qu'elle ne la découvre ; la jeune infortunée est conduite sous l'arche d'un pont ruiné, pour y être cachée jusqu'à la nuit.

La mere fait d'inutiles recherches ; toute éplorée, elle vient se jeter de nouveau dans les bras de M. M*** & lui demande son appui. M. M*** se transporte avec elle chez le curé ; mais toutes ses représentations, les justes reproches de la mere, les murmures de plusieurs paroissiens présents, rien ne put l'ébranler. Soutenu des avis d'un moine fanatique & son inséparable ami, il persista jusqu'à la nuit à refuser de découvrir le lieu où la jeune Bernard étoit retirée ; & il étoit déjà deux heures de nuit, lorſqu'on la vit rentrer chez ſa mere. Le ſoulevement des paroiſſiens contre cette entrepriſe de leur paſteur avoit été trop grand; elle reparoît donc environnée d'un certain nombre de jeunes filles, déja formées à l'école des convulſionnaires. Raillées par les perſonnes préſentes, elles s'arrachoient les cheveux: quelques-unes ſe jetterent à genoux & crioient à tue-tête: *oui, oui, quoiqu'on nous faſſe, nous voulons mourir Janſéniſtes, & vivre pour adorer St. Paris.*

Cet horrible ſcandale fut ſuivi peu de jours après d'un autre qui n'étoit pas moindre: il ſe paſſa dans le bourg. Le curé avoit été épié; la belle-ſœur d'Etiennette Thomaſſon jetoit les hauts cris, indignée de la conduite de M. le curé & des viſites qu'il faiſoit jour & nuit chez ſa ſœur; elle avoit aſſemblé par ſes clameurs trois cents perſonnes autour d'elle, & demandoit à entrer dans la chambre de cette fille. M. le curé qui y étoit renfermé, refuſoit d'ouvrir: on avoit appellé un ſerrurier, & on alloit enfoncer la porte, lorſque M. Bonjour l'aîné ſe préſente & s'écrie: *que demandez-vous? eſt-ce de ſavoir ſi mon frere eſt chez la Thomaſſon? oui, il y eſt, &*

fait son devoir. Qu'avez-vous besoin d'enfoncer la porte? quoiqu'il y soit vous ne le verrez pas; Dieu saura bien le rendre invisible à vos yeux, & prenez garde à sa puissance.

Cette chaîne d'écarts étonnera mon lecteur : de pareils excès devroient être impossibles. Mais comment les nier, puisque dans le temps où ils se passèrent, M. M*** & d'autres personnes domiciliées à Fareins, en firent leurs plaintes à M. le procureur-général du parlement de Dijon, & lui en offrirent la preuve? Ce magistrat prudent & éclairé en écrivit aussi-tôt à M. de Montazet. Le prélat méritoit-il une si cruelle affliction ? Il mande aussi-tôt M. D**, curé de M***, archiprêtre voisin de la paroisse de Fareins; il le commet pour faire la visite de cette église, le charge de discuter les faits, & de lui en rendre compte.

Messieurs Bonjour instruits de cette commission, intimidés & plus adroits, réussirent - ils dans cette circonstance à voiler leur conduite ? changerent-ils de systême, & eurent-ils le temps de calmer les plaintes de leurs paroissiens? Je ne cherche pas à inculper M. l'archiprêtre, je partage ses chagrins actuels, puisque le résultat de son rapport a entraîné une autre chaîne de désordres, & qu'il a occasionné le bouleversement de tout un peuple. Il fut dit à M. l'Archevêque, *que le délire des secouristes, & les extravagances des convulsionnaires, étoient absolument ignorés à Fareins; que les plaintes adressées à M. le procureur-général, portoient sur des faits exagérés, qu'elles étoient les suites de l'antipathie de peu de personnes, & les effets d'une passion repréhensible; qu'il y avoit quelques folles à Fareins, & que MM. Bonjour avoient eu la crédulité de les croire obsédées du démon; qu'ils avoient employé à leur égard d'anciens exorcismes; mais que tout étoit fini; qu'au reste lui, en sa qualité d'archiprêtre, & comme l'ami de tout temps de MM. Bonjour, il se chargeoit de guérir entièrement le reste de leurs préjugés, & de combatre le ridicule de leurs scrupules.*

Que les assurances données à M. l'archevêque par M. l'archiprêtre, sur la conduite à venir de MM. Bonjour, ne se sont-elles réalisées ! ici finiroit le triste récit de leurs écarts. Il faut néanmoins convenir que depuis cette époque jusqu'à celle du crucifiement d'Etiennette Thomasson, ils entreprirent moins de merveilles, ou au moins que peu de faits éclaterent. Cependant ils continuerent à avoir des prophéteſſes, & une jeune fille nommée Jeanneton, native de Lyon, élevée dès ſa naiſſance par l'hôpital de la charité de cette ville, fut amenée à Fareins, & miſe à leur tête. Il ſe tenoit des aſſemblées nocturnes, mais bien cachées. Etiennette Thomaſſon qu'on préparoit depuis plus d'un an, diſent les apologiſtes de MM. Bonjour, *à ſubir le ſupplice de la croix*, ſe permettoit ſeule quelques extravagances publiques. Je ne parlerai ici que de celle à laquelle elle ſe livra le 7 juin, jour de la Fête-Dieu de l'année derniere (*a*). La cham-

---

(*a*) M. de Montazet me délégua dans le cours du mois de juillet dernier pour faire des viſites en Dombes en qualité de vicaire-général. Je fis celle de la paroiſſe de Fareins; j'ignorois abſolument à cette époque la conduite antérieure de MM. Bonjour que je connoiſſois cependant, mais ſans jamais avoir été lié avec eux. Le fait arrivé le 7 juin me fut raconté; j'en parlai à M. Bonjour curé; il me répondit: *Quelle imputation vient-on me faire! Puis-je répondre des extravagances de cette fille!* Je lui dis que quelques curés de ſon voiſinage l'accuſoient de donner dans les excès des convulſionnaires. Il me répliqua que leurs excès n'étoient pas de ſon miniſtere, qu'il ne s'en mêloit pas. Je lui parlai d'une aſſemblée nocturne qui ſe tenoit chez la veuve Guillard. M. Beroud l'avocat préſent à ma viſite, venoit de m'en faire des plaintes; il nous ſoutint que cette aſſemblée n'étoit autre que celle de trois ménages de ce hameau qui ſe réuniſſoient le ſoir pour teiller le chanvre ou pour filer; qu'il n'y avoit rien à voir, & que tout ce qui s'y paſſoit de

bre de cette fille est dans le bourg, en face de la cure, une simple rue entre deux. Elle attend sur sa porte la procession du S. Sacrement ; elle laisse défiler le peuple qui précede le clergé, saisit le moment où M. le curé qui portoit l'ostensoir se trouve en face d'elle, & tout aussi-tôt se jette à ses pieds, pousse des hurlements affreux, s'attache aux habits sacerdotaux, qu'elle cherche à déchirer. M. le curé sans s'intimider lui donne trois fois la bénédiction du S. Sacrement. Ses fureurs en redoublerent, & M. Farlay vicaire, fut contraint de la prendre sur ses épaules, & de l'emporter chez elle. Il est à remarquer que peu de mois auparavant, un bois sec & mort avoit reverdi subitement entre les mains de la Thomasson, que M. le curé l'avoit aussi-tôt fait placer dans une niche ; & quoique mort une seconde fois, il est encore exposé à la vénération du peuple dans la chambre de cette fille.

---

peu ordinaire, c'étoit que la veuve Guillard y faisoit la priere en commun : je n'appris rien de plus. Le travail de la visite fini, M. le curé me pria de confesser quelques femmes ; & le même soir je fus obligé de partir pour Messimy ; attendu que la visite y avoit été publiée pour le lendemain.

Mon lecteur ne doit pas non plus ignorer qu'aux fêtes de Pâques de la même année, M. le curé crut devoir annoncer à son peuple, que la Thomasson avoit passé tout le carême sans rien boire, ni rien manger; & que pour preuve de ce miracle, il devoit d'abord après les fêtes, lui prescrire un second jeûne de la même nature. J'aurois bien d'autres événements à décrire; ils trouveront leur place dans le cours de cette lettre. Je passe à la scene du crucifiement.

Ainsi commence le procès-verbal que j'en ai dressé dans le temps où cet événement vint à la connoissance de M. de Montazet. L'an mil sept cent quatre-vingt-sept, & le vingtieme du mois de décembre, nous François-Marie-Therese Jolyclerc, vicaire-général du diocese de Lyon, & promoteur substitué, nous étant transporté à Fareins-les-Dombes, avons requis M. François Bonjour, curé de ladite paroisse, de nous rendre compte d'un événement qui s'est passé sous ses yeux à l'occasion d'Etiennette Thomasson; laquelle a été, dit-on, crucifiée dans une des chapelles de ladite église; & nous l'avons pareillement sommé de nous rendre compte des circonstances qui ont rapport à ce fait. Interrogé, &c. répond, &c. Mon lecteur m'excusera de ne pas transcrire cet acte dans son entier. M. le curé y déclare que le crucifiement s'est fait en présence de quatorze personnes, & en nomme dix. Plus prudent que M. Bonjour, je me suis déterminé à ne les pas découvrir. Mais ce procès-verbal (*a*) est à peu de chose près conforme à la relation que M. le curé en a donnée après coup; elle se trouve imprimée dans la lettre de ses apologistes. Ce que l'acte dit de plus, c'est que M. le curé & son vicaire étoient les deux opérateurs; que le curé frappoit d'un côté, & le vicaire de l'autre; que la Thomasson a répandu peu de sang par les mains, mais la valeur d'un verre par les pieds. Il déclare encore que ce prodige s'est opéré dans les premiers jours d'octobre 1787.

(*a*) Si ses apologistes veulent le connoître dans son entier, je leur annonce que la minute est déposée entre les mains de Mgr. l'évêque d'Autun, nommé à l'archevêché de Lyon, & qu'il a passé du cabinet de M. de Montazet dans celui de notre nouveau prélat.

Ce procès-verbal fini, M. le curé m'annonça le ſupplice de Marguerite Bernard. Il me dit que cette fille avoit eu les pieds percés d'outre en outre avec un petit couteau qu'il me montra ; que lui-même avoit fait cette opération ; que ſon but étoit d'obéir à la voix de Dieu qui l'avoit preſcrite à cette fille dans une viſion où il lui étoit apparu ſous la forme d'un homme habillé de blanc ; comme auſſi de la guérir de quelques douleurs auxquelles elle étoit ſujette. Ce fait m'a paru toujours abſurde, & dès le moment du récit je le jugeai tel : j'en dreſſai néanmoins procès-verbal ; mais je crus ne devoir paroître avoir rédigé ce ſecond acte que ſur la demande expreſſe de M. Bonjour. Ces deux procès-verbaux ſont ſignés de M. Bonjour, curé de Fareins ; de M. Farlay, ſon vicaire ; de MM. Merlino, conſeiller en la ſénéchauſſée de Dombes, & Paſquier, curé de S. Bernard, mon ſecrétaire de viſites (ces deux derniers en qualité de témoins du récit de M. Bonjour). J'ai fait enſuite la clôture des ſignatures.

Telle eſt en raccourci la piece que les apologiſtes de MM. Bonjour deſiroient tant de connoître ; tels ſont les faits qu'ils relevent comme des prodiges. Je me hâtai, comme ils le diſent dans leurs écrits, d'en rendre compte à M. de Montazet ; & voici la réponſe qu'il me fit : *A Paris, le 2 Janvier 1788. J'ai reçu votre lettre, mon cher Abbé, & M. l'abbé Perroneau m'a auſſi envoyé la copie de l'information que vous avez faite à Fareins. Quelqu'affligeants que ſoient les détails contenus dans l'une & dans l'autre, il étoit indiſpenſable que j'en fuſſe inſtruit. Je ne ſaurois trop vous remercier de la maniere dont vous avez rempli la commiſſion que je vous avois confiée ; & je ne perdrai pas un ſeul moment pour arrêter le cours de pareils excès. Je vous renouvelle, mon cher Abbé, les témoignages de mon eſtime & de mon amitié. Signé, l'Archevêque de Lyon.*

Après de ſi grands écarts, MM. Bonjour devoient bien s'attendre à être punis, & c'étoit la moindre peine qui pût leur être infligée que de les ſéparer de leur troupeau. En vain leurs partiſans ſe ſont-ils ſoulevés contre cette rigueur : un délit auſſi grave étoit vraiment impardonnable. Je vais donner mon commentaire ſur ce dernier événement : je ne dois rien taire au public, puiſque les défenſeurs de MM. Bonjour me forcent de parler.

Quel tableau ſe forme-t-on de cette Etiennette Thomaſſon, ſur laquelle ces meſſieurs ſe ſont permis d'exercer leur fureur ? Qu'on ſe figure une pauvre payſanne, dénuée de tout, incapable d'un travail des mains ſoutenu, qu'aucun particulier ne pouvoit garder chez lui à cauſe de ſes fréquents délires. Plusieurs fois on avoit eſſayé de la placer en qualité de ſervante en divers lieux; & nulle part elle ne pouvoit remplir les ouvrages auxquels ſa condition devoit l'aſſujettir. Elle étoit ſans pere & mere ; elle appartenoit à des parents pauvres, chargés de famille, & vivant du ſeul fruit de leurs travaux (*a*). Forcée par ſa triſte ſituation de recourir aux charités de la paroiſſe, il falloit bien qu'elle ménageât la perſonne de ſon paſteur. Ses beſoins & les infirmités de ſon eſprit étoient trop grands, pour qu'elle ne ſe prêtât pas auſſi à ſes caprices. Pendant une ſemaine, on la

(*a*) J'ai oui dire que la mere d'Etiennette Thomaſſon, étoit ſujette aux mêmes aliénations d'eſprit que ſa fille, & qu'elle étoit morte folle.

voyoit tous les jours aſſiſter à la meſſe, proſternée ſur le pavé, les bras en croix : elle ne ſe levoit qu'au moment de la communion pour s'approcher de la ſainte table ; & la ſemaine ſuivante, elle changeoit de rôle, ſe renfermoit chez elle, employoit le peu d'argent qu'elle avoit pu ramaſſer à s'enivrer, & dans le vin, elle ouvroit ſa porte pour attendre les paſſants ; elle vomiſſoit en leur préſence des imprécations contre ſes paſteurs, elle proféroit les paroles les plus obſcenes, ſouvent même des jurements & des blaſphêmes. Cette criſe finie, elle retournoit à l'égliſe, s'y proſternoit comme antérieurement, communioit de même tous les jours. Mais bientôt ſa frénéſie revenoit : on l'a vue dans un de ces fâcheux moments, accompagner le ſieur Farlay vicaire de Fareins, juſqu'au port de Beauregard (*a*), où cet eccléſiaſtique devoit s'embarquer pour aller à Villefranche ; & là, affligée de ſon départ, s'emporter & lui dire en ſon patois, en préſence de plus de quarante per-

(*a*) Beauregard eſt un bourg dont une partie eſt de la paroiſſe de Fareins, & Villefranche de Beaujolois n'eſt qu'à une courte lieue de ce bourg.

ſonnes, *F .... coquin*, *F .... put . . er, tu vas donc me quitter? n'eſt-ce pas toi qui m'as trompée? n'eſt-ce pas toi qui m'as ſeduite? Puiſſe la riviere t'engloutir, & la foudre t'écraſer*, &c. Telle étoit depuis dix ans, la triſte ſituation de cette malheureuſe Thomaſſon. Ses communions fréquentes, lorſqu'elle étoit dans ſon bon ſens, & ſes frénéſies toujours renaiſſantes avoient droit de ſurprendre les paroiſſiens. *Ne vous en étonnez pas*, leur diſoit le paſteur, *c'eſt l'état ordinaire des poſſédés du démon; ſes écarts ne ſont pas des crimes, parce que lorſqu'elle eſt poſſédée, elle n'eſt pas coupable: nous la guérirons tôt ou tard.* Son crucifiement auroit dû ſans doute opérer cet effet; mais non: ces alternatives ont continué de même, & on l'a vue depuis cette époque aller attendre le ſieur Farlay vicaire, ſur le grand chemin, ſe jeter ſur ſa perſonne, lui déchirer ſes vêtements, l'accabler de coups, & ſans le ſecours de quelques perſonnes qui accoururent, elle l'auroit peut-être aſſommé. Je paſſe aux circonſtances de ſon crucifiement; il a été précédé, eſt-il dit, de miracles étonnants, & qui prouvoient que telle étoit la volonté de Dieu. Mais quels ſont ces miracles ? Etiennette Thomaſſon *va ſe précipiter dans une mare d'eau bourbeuſe , où le démon vouloit la noyer , comme autrefois le jeune homme de l'évangile.* Eh! à qui voulez-vous en impoſer, Meſſieurs? j'ai vu cette mare d'eau ; qu'on ſe repréſente ce qu'on appelle à la campagne une crapaudiere , longue de quatre pieds , & large de cinq, ſeche les trois-quarts de l'année, & où, dans les temps les plus pluvieux, il y a à peine un pied d'eau. Or ſi le démon *vouloit noyer* cette infortunée , pourquoi ne la portoit-il pas dans la Saône qui étoit ſi près? La puiſſance de Dieu pouvoit ſans doute la garantir du danger, & alors je vous permettrois de publier la merveille. Secondement la Thomaſſon , dites-vous, avoit eu deux ans auparavant une viſion qui lui preſcrivoit ſon crucifiement, & cette viſion s'étoit renouvellée trois mois avant cette opération. Mais quoi , les viſions d'une fille extravagante ſont-elles donc des miracles ? & ſa conduite antérieure ne manifeſtoit-elle pas évidemment ſon délire? Mais, ajoutez-vous , elle étoit ſujette à des enflures , à des coliques violentes, à des convulſions, pendant le cours deſquelles elle avoit le *viſage violet,*

M. le curé par ses prieres, les lui faisoit même naître aussi souvent qu'il le vouloit, *à l'effet de savoir si c'étoit véritablement la volonté de l'Etre suprême qu'elle fût crucifiée.* Mon lecteur conclura bien différemment de vous, Messieurs ; il dira que la Thomasson *en convulsion & le visage violet*, étoit alors ivre; que M. Bonjour se trouvoit aussi fou qu'elle. Et moi, je pense que M. Bonjour, (supposé qu'il se soit réellement permis d'invoquer le Tout-Puissant, pour que sa paroissienne fût affligée) tentoit Dieu; qu'il oublioit ce grand principe de l'apôtre : *Non sunt facienda mala ut eveniant bona*, & que par-là il se rendoit coupable d'une offense mortelle.

Enfin l'heure fatale du crucifiement arrive. Etiennette Thomasson jette un seul cri, & c'est quand on lui perce les pieds. On la détache, on lui marche sur les mains & sur les pieds, & cette derniere épreuve étanche le sang & acheve de la guérir. Voilà donc le miracle confirmé. Et pourquoi, Messieurs, voulez-vous rendre MM. Bonjour plus miraculeux qu'ils ne l'ont eux-mêmes déclaré ? Le sieur Farlay après l'opération, se charge de veiller sur la victime ; il avoue à MM. M*** & B ** (*a*) en ma présence, que pendant trois jours elle lui avoit donné de grandes alarmes ; qu'elle entroit dans des fureurs inouies ; qu'elle lui parloit ainsi : *F .... put .. er, regarde l'état dans lequel tu m'as mise ; que deviendrai-je, pauvre infortunée ? est-ce toi qui me nourriras le reste de mes jours ?* &c. Il nous a dit de plus que l'une de ses mains étoit considérablement enflée ; qu'il étoit survenu une tumeur plus grosse qu'un œuf, & qu'il la pansoit avec de l'eau bénite & des signes de croix, &c.

M. Bonjour l'ainé arrive dans mon domicile à Lyon, trois semaines environ après la rédaction du procès-verbal ; il venoit savoir quel effet cet acte avoit produit sur l'esprit de M. l'archevêque. Je lui montrai la réponse que m'avoit faite le prélat (*b*), & l'invitai à revenir de ses écarts. Mes efforts furent superflus. Il m'avoua à cette époque que la Thomasson avoit souffert des suites de son crucifiement *pendant plus d'une semaine :*

(*a*) L'un est conseiller à la sénéchaussée de Dombes, & l'autre citoyen de Lyon & possede des biens à Fareins.

(*b*) Elle se trouve imprimée un peu plus haut.

mais c'eſt, ajouta-t-il, *la ſuite de ſes obſeſſions : le démon s'empare trop fréquemment de cette pauvre créature* (*a*).

O mon lecteur ! je ſens votre indignation s'accroître avec la mienne. Je vais commenter l'événement de Marguerite Bernard : mais ne penſerez-vous pas, ainſi que moi, que l'événement eſt ſuppoſé ? qu'il part de l'imagination d'un homme, lequel vouloit à tout prix paroître miraculeux, mais que ſon impoſture ſur ce fait eſt évidente ? La conſéquence de l'impoſture réſulte du rapport même de M. Bonjour & de ſes apologiſtes. D'une part, on entend M. Bonjour déclarer qu'il fallut employer un marteau & frapper à coups redoublés ſur les mains & ſur les pieds de la Thomaſſon pour les percer ; & ici il nous dit, que lorſqu'il a percé les pieds de la fille Bernard, le couteau entra comme dans une *molette*

(*a*) J'ajouterai ici que M. Merlino demandant à M. le curé pourquoi il ne l'avoit pas appellé pour être témoin de la merveille ; M. le curé lui répondit : *La Thomaſſon, au moment de ſon ſupplice, le deſiroit ainſi que moi ; mais cela devenoit impoſſible : je craignois que la criſe ne finît, & je n'aurois pu répondre d'elle.* Cette réponſe n'a pas beſoin de commentaire. Ceux qui connoiſſent les effets du magnétiſme, aſſurent qu'il reſte démontré que ces Meſſieurs ont recours à cet art.

de beurre. Il annonce aux uns, & notamment à moi, lorsque je rédigeai son acte, qu'il étoit seul dans la chambre de cette fille, au moment où il fit son opération ; & ses défenseurs assurent dans leurs écrits qu'il la fit en présence de trois témoins. Mais ils ne les nomment pas. Le but de M. le curé dans cette entreprise, étoit de guérir cette fille d'une fracture à la jambe ; *cinq jours avant l'opération, elle s'étoit cassé le péroné de la jambe*, est-il dit dans l'écrit de ses apologistes, *suivant le rapport du chirurgien, qu'ils ne nomment toujours pas.* M. le curé deux jours après examine cette jambe, *il la trouve courbée en forme d'arc*, comme si un os de cette espece pouvoit se courber. La veille de son entreprise, il ordonne à Marguerite Bernard *de sortir de son lit & de marcher. Elle obéit & marche jusqu'à quatre heures après midi* : & néanmoins le lendemain il lui perce les pieds avec son petit couteau, de maniere que la lame traversoit sous le coudepied de la longueur de plus d'un pouce, & son but est *de lui raccommoder sa jambe cassée*, de laquelle elle s'étoit servie la veille pour marcher comme à son ordinaire. Vous l'avez dit, Messieurs, dans votre fameux écrit, d'après J. J. Rousseau :

Non, ce n'eſt pas ainſi qu'on invente ; & vous avez bien raiſon, puiſque l'impoſture eſt palpable, & qu'au moins quand on veut mentir, il faut ſavoir jouer ſon rôle, & éviter des contradictions auſſi marquées (*a*).

Je ne m'étendrai pas davantage ſur mon premier principe. Je penſe avoir ſuffiſamment prouvé que la narration des écrivains apologiſtes de MM. Bonjour, n'étoit pas véridique ; que nulle cauſe n'avoit été mieux éclaircie que celle de ces deux eccléſiaſtiques, & qu'il y a ou fourberie, ou délire, ou une noirceur impardonnable dans leurs délits. Je paſſe à la ſeconde partie de ma lettre.

(*a*) Il eſt quelques perſonnes qui ſoutiennent que l'inſtrument de M. le curé étoit un couteau magique, ſemblable à ceux dont ſe ſervent les charlatans pour ſe percer en apparence, & ſans ſe faire aucun mal, les bras, les jambes, les mains, la langue, &c. qu'il ſe contenta en conſéquence d'effleurer la peau de la convulſionnaire, & qu'il parvint, à cauſe de la foibleſſe d'eſprit qui l'affecte, à lui perſuader qu'elle avoit eu véritablement les pieds percés.

SECOND PRINCIPE

E T

SECOND MOYEN.

Que la marche des partisans de MM. Bonjour n'est pas celle de l'évangile, ni leur conduite celle des apôtres; qu'ils sont, ainsi que leurs prophéteſſes & leurs miraculées, un fléau pour la religion, des perturbateurs dans le sein de l'état, des énergumenes, des imposteurs & des impies.

Pour établir mon second principe, je n'aurai pas recours, comme les auteurs de la lettre apologétique de MM. Bonjour, aux prophetes de l'ancienne loi. Je ne détournerai pas le langage mystérieux de ces hommes inspirés par la divinité; je ne dirai pas comme ces Messieurs, que s'il est des circonstances où l'on peut tuer & blesser sans violer la loi de Dieu, il peut s'en trouver à plus forte raison où des opérations sanglantes peuvent être licites, & qu'elles le sont toujours, lorsqu'elles tendent à glorifier l'Etre suprême. Je n'ajouterai pas que si l'enfant d'un prophete ordonne à un de ses compagnons de le frapper ou de le blesser, la Thomasson & la Bernard ont bien pu par le même motif exiger ce service de leur pasteur. Je ne comparerai pas non plus à Abraham le plus grand des patriarches, le téméraire curé de Fareins, & les tristes victimes de ses écarts à Isaac (*a*). Je me garderai de pareil blasphême, & ma plume qui cherche à ramener aux vrais principes de la religion ce petit nombre d'ames foibles que les secouristes de notre siecle en ont écarté, sera modeste. Elle ne tolérera cependant pas que la dénomination des saints mysteres soit travestie en termes bas & populaires; que des pasteurs & des prêtres abandonnent ce nom qui les honore, & s'en attribuent un autre équivoque & puéril. Toute expression en fait de choses saintes, que la tradition de l'église n'auroit pas autorisée, lui paroîtra odieuse. Elle s'élevera contre des pratiques qui ne tendent qu'à exposer les mœurs. Admettra-t-elle que de jeunes filles désertent le

---

(*a*) Ce langage est celui des auteurs de la lettre en faveur de MM. Bonjour.

ſein de leur famille, abandonnent ſans raiſon légitime, & les travaux auxquels la providence les avoit aſſujetties, & le ſol qui devoit les nourrir, & les humains intéreſſés à veiller ſur leur jeune âge ? Souffrira-t-elle qu'elles ſe préſentent effrontément dans des aſſemblées illicites, qu'elles ſoient admiſes à y débiter des viſions extravagantes & ſouvent impudiques, qu'elles y faſſent au milieu des obſcénités le rôle de prophéteſſes du vrai Dieu ? Accordera-t-elle que tout ſoit ſaint dans leur bouche, qu'elles ſe trouvent devenues les interpretes des volontés céleſtes, & qu'il n'y ait d'autres vérités de ſalut que celles qu'elles publient ? Non ſans doute, Meſſieurs, & préparez-vous à m'entendre tonner contre de pareilles maximes. Ma plume s'élevera pareillement contre votre exceſſive rigueur au tribunal des pénitents ; elle vous reprochera d'admettre journellement aux ſaints myſteres vos convulſionnaires & vos illuminées, & d'en écarter à jamais le reſte des fideles, ſous prétexte que, n'étant pas des vôtres, ils ſe trouvent hors de la voie du ſalut. Elle s'indignera pardeſſus tout, de vous voir les abandonner dans leurs derniers moments,

moments, leur refuſer toute conſolation ſpirituelle, & les graces que la religion leur préſente. Mon lecteur me demandera la preuve de ces juſtes reproches. Je la donnerai ; & comme cette preuve deviendra plus frappante ſi elle ſe trouve réſulter de vos propres écrits, attendez-vous, Meſſieurs, à les voir paroître au grand jour.

Qui pourroit ſe figurer le terme trivial & populaire que les ſecouriſtes ont ſubſtitué à celui de la divine Euchariſtie, & l'épithete qu'ils ſe donnent ? Une lettre de M. Bonjour curé de Fareins va nous l'apprendre : elle eſt adreſſée à une fille nommée Jeanneton. Le public ſe rappellera que cette Jeanneton étoit la plus jeune prophéteſſe de Fareins ; que M. le curé l'avoit découverte à Lyon, & conduite dans ſa paroiſſe, pour la mettre à la tête des miraculées (*a*). Voici la lettre. De Tanlay (*b*).

(*a*) Elle avoit, dit-on, le don de deviner les conſciences, & elle inſtruiſoit pleinement ſon nouveau paſteur de ce qui ſe paſſoit dans l'ame de ſes paroiſſiens.

(*b*) C'eſt le lieu de l'exil de M. Bonjour curé.

Le premier février 1788. « Que la bé-
» nédiction du Seigneur soit avec toi.
» C'est à présent, mon cher Enfant, qu'il
» faut montrer si on a de la foi : un vrai
» chrétien doit toujours en vivre ; il doit
» toujours voir J. C. comme s'il étoit
» devant ses yeux. L'ennemi ne manquera
» pas de faire tous ses efforts pour affoi-
» blir, il n'y aura sorte de raisonnements
» qu'il ne mette dans l'esprit. Que ferai-
» je à présent que je n'aurai personne
» pour me conduire ? Comment pourrai-je
» éviter les attaques du démon ? C'est bien
» une preuve que cet état n'est pas de Dieu,
» puisqu'il m'a enlevé mon P. P. (*a*) &
» mille autres choses. (*b*). Oui, tout cela
» est tentation ; si tu n'as pas pour un peu
» de temps un P. P. pour te conduire,
J. C. le vrai & l'unique pasteur te con-
» duira lui-même ; il te défendra des
» attaques du méchant, & te donnera
» plus de force pour le repousser. C'est
» lorsqu'on est tout-à-fait abandonné de

(*a*) C'est-à-dire, petit papa, épithete que ces Messieurs se donnent vis-à-vis des jeunes personnes qu'ils ont endoctrinées.

(*b*) C'est-à-dire, sans doute, les secours qu'il m'administroit.

» tout ſecours humain, que le BB. (*a*)
» vient prendre notre défenſe. Une mere
» pleine de tendreſſe peut-elle laiſſer ſes
» enfants ? Hé bien, quand même elle
» pourroit être aſſez barbare, pour moi
» je ne le ſerai pas. Je ne vous abandon-
» nerai point, dit le Seigneur; ne crois
» pas non plus que ton état eſt mauvais,
» parce que je te ſuis enlevé; tout cela
» n'eſt qu'une épreuve. Il veut d'un côté
» nous dépouiller d'une attache peut-être
» un peu humaine que nous aurions pu
» avoir; il veut faire voir que les hommes
» ne lui ſont néceſſaires que parce qu'il
» veut bien les employer par miſéricorde
» pour eux; mais ſon œuvre eſt tout-à-fait
» indépendante de leurs ſecours. Quoique
» je ne ſois pas avec toi, tu auras plus de
» force, tu prieras mieux, & ton BB. te
» viſitera plus ſouvent. Dieu a voulu en-
» core confondre le démon & tous les
» miniſtres de cette épreuve. Ils croient
» par-là de détruire & de renverſer en-
» tiérement l'œuvre de notre BB. & ce

(*a*) Ces deux lettres ſignifient *Bonbon*, expreſſion puérile qui s'applique aux biſcotins & aux dragées qu'on donne aux enfants, quand on les aime, ou qu'ils ſont ſages. Ces Meſſieurs ont donné ce nom à J. C. & à ſa divine Euchariſtie.

» sera tout le contraire ; elle ne deviendra que plus éclatante : la voilà qui va se répandre de tout côté ; & ceux qui n'en avoient point encore entendu parler vont s'en instruire (*a*). Remercions Dieu de tout, mon Enfant, & ne cessons d'implorer sa miséricorde & sur nous & sur nos persécuteurs. Bientôt ceux-ci seront vaincus, & nous deviendrons libres. Je crois que le moment des miséricordes de ton BB. est proche ; il ne tardera pas de me mettre en liberté, que les hommes le veuillent ou non (*b*). Aussi-tôt que tu auras reçu ma lettre, prosterne-toi, baise-la, & demande à ton BB. dans toute la simplicité de ton cœur, qu'il te rende ton P. P. & je t'assure qu'il se laissera fléchir. C'est un bien bon ami, mon Enfant ; il ne refuse rien de ce qu'on lui demande avec

---

(*a*) Prophétie de M. Bonjour, dont l'accomplissement est impossible, à moins que la terre ne se peuple de vrais insensés.

(*b*) nouvelle prédiction ; elle s'est vérifiée, non pas ainsi qu'on l'a publié à Fareins, de maniere que M. Bonjour ait été délivré par un ange & rendu invisible aux hommes. Il étoit en liberté dans sa retraite, sous l'engagement de sa parole d'honneur ; il s'est sauvé pendant l'office ; un cheval étoit derriere le mur de clôture qui l'attendoit.

»foi. Adieu, mon petit Enfant; que
»Jesus enfant te rempliſſe de ſon eſprit
»d'enſance. Au nom du pere, du fils &
»du Saint-Eſprit. Amen. Je t'embraſſe
»tendrement, moi ton P. P. priſonnier
»de ton BB.»

Vous voilà donc, Meſſieurs, arrivés au point de profaner par des expreſſions burleſques & puériles les choſes les plus ſaintes; & quel reproche le chriſtianiſme entier n'a-t-il pas à vous faire? Eſt-ce à de ſimples particuliers qu'il appartient de retrancher & d'avilir les noms auguſtes, que la tradition de l'égliſe, le langage des peres, & le concours unanime des évêques ont conſacrés? Et quels ravages vous préparez-vous donc à faire dans la vigne du Seigneur? Mais ces expreſſions ſi puériles, peut-on me dire, ne ſortent peut-être que de la bouche d'un ſeul de ces Meſſieurs. Je vais prouver que leur congrégation entiere les a adoptées, & je donnerai l'extrait de pluſieurs de leurs écrits.

Je commence par une lettre qui a été adreſſée à M. Bonjour dans ſa retraite de Tanlay; elle eſt d'un eccléſiaſtique bien voiſin de ſa cure; il ne garde pas l'anonyme; je lui éviterai cependant l'affront qu'il éprouveroit s'il étoit publiquement dévoilé, peut-être me saura-t-il bon gré de ma modération (*a*). Sa lettre commence ainsi : « *Laboro usque ad vincula*, » *quasi malè operans*, *sed verbum Dei non est* » *alligatum*. Voilà, mon cher & précieux » & respectable ami, ce que vous pou- » vez dire avec vérité ; car l'éclat de vos » liens rejaillit au loin, & éclaire beau- » coup d'enfants de Dieu, en même » temps qu'il tourmente & aveugle les » enfants de ténebres. Aussi est-ce de chaîne » d'or dont *Isaac* (*b*) vous a vu enchaîné » dans votre chambre, qui étoit toute » éclairée de la lumiere qu'elles y répan- » doient. La joie dont il fut inondé, en » vous voyant ainsi dans les chaînes, l'em- » pêcha de vous dire un mot. Seulement » il desiroit fort ardemment que son mi- » sérable P. P. pût voir & être témoin

(*a*) Il est un des sept des provinces de Bresse & de Dombes, dont j'ai parlé dans le prélude de cet ouvrage, & je me fais une joie d'apprendre au public qu'il a écrit récemment à l'un de Messieurs les vicaires-généraux, pour se rétracter sans doute, ou au moins lui déclarer qu'il rejette en ce moment & déteste l'œuvre des convulsionnaires & des secouristes.

(*b*) C'est le nom que ces Messieurs donnent à Etiennette Thomasson depuis l'époque de son crucifiement.

» des consolations que le BB. répand sur » ses enfants prisonniers pour son amour. » Quant à votre paroisse, votre cher vi- » caire vous en donnera sans doute des » nouvelles ; il vous dira de quelle ma- » niere il a été interdit, & des loups » établis à votre place sous l'escorte de » huit fusiliers (*a*) ; comment on l'a cou-

---

(*a*) Faits faux : Les deux ecclésiastiques envoyés par Mgr. l'archevêque pour remplacer les anciens pasteurs de Fareins, y ont été installés par moi, en qualité de vicaire-général du département ; j'y ai séjourné à cette époque pendant dix jours, à l'effet d'encourager leur zele, d'observer les malheurs de cette paroisse, & de faire mes efforts pour y obvier. Que M. le marquis de Sarron ait demandé que la brigade de la maréchaussée de Trevoux se transportât à Fareins, & mît obstacle aux rixes que la satisfaction des uns de ce que Messieurs Bonjour étoient éloignés, & le mécontentement des autres pouvoient occasionner ; la prudence de ce seigneur est louable. Mais ces fusiliers n'etoient point des gardes envoyés pour notre sureté, & nous pouvons dire que nous n'avons éprouvé aucune insulte. J'ajouterai ici la lettre que M. l'archevêque m'a écrite à l'occasion de l'installation des nouveaux pasteurs de Fareins. « A Paris le 21 février 1788. M. l'abbé Peronneaux, » mon cher abbé, m'a rendu un compte très-exact » de toutes les peines que vous vous êtes données » pour venir au secours de la malheureuse paroisse » de Fareins. J'ai vu par ce que vous voulez bien » me mander vous-même de l'état où les choses » étoient lorsque vous êtes parti, que la tranquil- » lité revenoit, & que le ministere des deux desser- » vants commençoit à s'y accrediter. Je vous invite, » mon cher Abbé, à leur continuer vos bons offices, » & à vous concerter toujours avec M. l'abbé Per-

» vert d'outrages & à Fareins & à l'ar-
» chevêché, & comment il a pris le parti,
» d'après l'avis des gens de bien, & sur
» les ordres du BB. de retourner à Fa-
» reins, pour soutenir, consoler & nour-
» rir vos chers enfants qui sont aussi les
» siens. Nous avons eu ici la Tiennette
» & la Gouton (*a*) & la mere pendant
» quelques jours, & leur présence a été
» utile à plusieurs personnes de mon trou-
» peau par les faux bruits de sa mort, qui
» l'ont vue avec édification & avec fruit,
» non-seulement à ce qu'il nous a paru,
» mais de l'assurance de la bonne MM. (*b*)
» qui le lui a dit pour la rassurer de la
» crainte qu'elle avoit d'avoir mal fait en
» venant. Elle lui dit aussi qu'elle ne

» ronneau, pour procurer à ces ecclésiastiques, & » aux personnes qui pourront vous consulter, les » lumieres & les avis convenables ou nécessaires » dans ces circonstances délicates; de mon côté j'agi- » rai ici selon qu'elles l'exigeront. Vous pouvez » compter sur mon zele, ainsi que sur la reconnois- » sance que m'inspire celui dont vous venez de me » donner des marques si essentielles. Je vous renou- » velle, mon cher Abbé, les témoignages de mon » estime & de mon amitié. » Signé l'archevêque de Lyon.

(*a*) C'est-à-dire, Etiennette Thomasson & Marguerite Bernard.

(*b*) C'est la Jeanneton, maman des prophétesses de Fareins.

» perdroit pas ſon P. P. (*a*) l'incompa-
» rable M. Sou.... a fait une lettre digne
» d'un Chryſoſtôme, qu'il a adreſſée au
» prélat, ſignée de lui & des ſaints curés
» Jacq...... & Jav..... Si Dieu vou-
» loit que M. D*** la ſignât, on trouve-
» roit encore deux ſignatures. M. Vil....
» a rêvé triſtement quatre jours, & puis
» il a avoué ſa foibleſſe & ſes craintes;
» il eſt vrai que bien peu pourront par-
» ler comme ces trois : ſi Dieu vouloit
» en amener une quatrieme pour faire
» les quatre appellants. Pour que la let-
» tre ne ſoit pas ſans réponſe, on a ſigni-
» fié au prélat qu'elle ſera imprimée, ſi il
» n'y répond. Dieu veuille toucher ſon
» cœur : mais je crains plutôt qu'il ne
» ſoit accablé de remords, que touché
» de repentir. Au reſte, ce n'eſt pas votre
» apologie qu'on y fait : le prélat répon-
» droit bien qu'il n'a pas à vous faire
» d'autres reproches. C'eſt l'œuvre de
» Dieu qu'on y juſtifie, & ſa témérité
» qu'on lui reproche, avec tout le feu du
» zele le plus chrétien & tout le reſpect
» de la charité la plus tendre.

(*a*) Je demande pardon à mon lecteur, de ce que cette lettre n'a point de ſuite : mais je la copie mot pour mot.

» M. Sou... vient demain à Fareins & se » propose d'y venir tous les quinze jours, » pour prêcher & soutenir votre peu- » ple (*a*); éclairer la conduite des deux » blanc-becs qu'on y a mis... » J'épargnerai à mon lecteur la suite de cette lettre aussi extravagante dans sa tournure que dans ses faits. Elle finit ainsi: « J'oubliois presque de vous parler du » P. Caffe, pour lequel j'aurois tant de » choses à vous dire: que de regrets de » ne s'être pas trouvé à Fareins! mais » Dieu en a disposé selon ses desseins, » & non pas les desseins particuliers des » hommes. Isaac (*b*) me fit hier une pein- » ture admirable de votre captivité, de » l'amour de vos enfants pour vous, & de » la joie qu'ils auront de votre retour. » Puisse-t-il être aussi prompt que nous » le desirons. *Vale, ama, ora, ut semper » amare liceat.* »

Je pourrois joindre ici une lettre de dom F **; M. B.. de M...... en Champagne; mais sa longueur ennuieroit

(*a*) M. Sou... ne pouvoit alors prêcher que dans les assemblées clandestines & de nuit.

(*b*) C'est toujours la Thomasson, dans ce moment prophétesse du curé, qui écrit.

mon lecteur, elle est écrite pareillement à M. Bonjour dans sa retraite à Tanlay. Je n'en transcrirai que quelques parties. « Je laisse, dit-il, à nos amis, qui » exercent ici la fonction de Marthe, à se» conder les vues de notre commune af» fection, pour vous faire passer d'ici » tout ce qui dépend de nous pour les » choses qui pourroient vous être utiles. » Pour moi, je n'ai que la part de Marie, » dont j'ai trop mal usé pour ne pas crain» dre qu'elle me soit enlevée. Je vous » envoie quelques mots consolants de » notre Bonbon, consignés dans divers » écrits... » Cette lettre nous instruit d'un nouvel établissement particulier à la secte des secouristes, & que l'église catholique avoit méconnu jusqu'à nous. « Je » vous envoie, dit dom F**, à M. Bon» jour, une parcelle d'une sainte Eulo» gie destinée à être distribuée à tous les » enfants de Dieu; la bénédiction en a » été faite de ma main dans une société » de plusieurs amis... Je ne prévoyois » pas qu'elle nous serviroit un jour de lien » intérieur de communion avec un pri» sonnier de J. C. J'en conserverai en» core ici quelques parcelles que je vous » donnerai pour que vous les distribuiez

» aux brebis fidelles de votre troupeau (*a*), » & qu'elles daignent vous embrasser » toutes dans la charité du bon pasteur.... » Je ne suis, dit encore dom F**, » qu'un indigne avorton qui ai abusé de » toutes les graces que Dieu m'a faites, » & sur-tout de celle d'avoir connu de » trop bonne heure l'œuvre qu'il opere » de nos jours pour l'exécution de ses » desseins sur son église ; je dois plutôt » être que de me glorifier du titre de » doyen dans presque toutes les sociétés » qui sont répandues en province. Car il » y a vingt-cinq ans que je suis dévoué à » l'étude de cette œuvre impénétrable, du » sein de laquelle Dieu parle à ses en» fants un langage bien inintelligible & » bien peu compris (*b*). » Dom F** rapporte à la suite de ces paroles une de ses visions. « Je me contenterai de vous

---

(*a*) Il est effectivement avéré que M. Bonjour a envoyé dans une lettre à l'une de ses paroissiennes une hostie consacrée ou bénie, & qu'il l'a chargée de la partager elle-même aux prophéteſſes & aux autres illuminées de Fareins.

(*b*) Paroles remarquables qui démontrent bien l'absurdité de l'œuvre des convulsionnaires, puisqu'elle est intelligible à ses plus anciens partisans. Comment en effet en justifieront-ils les maximes ?

» dire que le même jour 12 octobre (*a*) ; » & peut-être à la même heure après » midi, j'apperçus entre mes mains & sur » deux personnes à cent cinquante lieues » de distance une merveille toute sem» blable à celle qui fait votre crime aux » yeux des sages du monde. Mais je » n'ai pas mérité encore cette sainte joie » d'avoir été jugé digne de souffrir des » opprobres pour le nom de Jesus. » La lettre finit par la liste des livres que dom F ** envoie à M. Bonjour. Il signe : « Je » suis votre pauvre frere dom Jacob-Au» gustin-Esdras-Baruc-Jérémie (*b*).

Pour achever de convaincre les secouristes que mon reproche n'est pas injuste, mon lecteur me permettra-t-il de transcrire ici une partie d'une autre lettre écrite de même à M. Bonjour. « Le 12 mars 1788. Mon bien » tendre Pere, mes miseres sont toujours » extrêmes ; je n'oserois m'en plaindre » puisqu'elles sont l'effet de ma mauvaise

(*a*) Le 12 octobre étoit le jour où Etiennette Thomasson fut crucifiée à Fareins.

(*b*) Pour un moine dont l'humilité est un des vœux solemnels, dom F. se donne bien des titres ; mais il est peut-être un des prophetes secouristes.

» volonté. Il me semble cependant que » j'espere que la toute - puissante misé» ricorde de Dieu me délivrera un jour, » je l'espere sur-tout de vos prieres, de» puis que vous portez les chaînes de » notre BB. Mon cœur est si dur, qu'il » est insensible à tout ; il me semble que » je plains notre prélat & que je desi» rerois me réjouir en partie de vos chaî» nes, puisque *beati qui persecutionem pa» tiuntur*, & que je devrois m'en attrister » en partie à cause des scandales que » l'ennemi a donnés par ses émissaires (*a*) » à votre paroisse & à toute l'église. . . . » J'embrasse vos liens & vous demande » votre bénédiction. Signé, Fialin pé» cheur. »

Il est des personnes qui à l'aspect de ces maximes si extraordinaires pourront s'alarmer & craindre de voir l'église chrétienne déchirée par une nouvelle secte. Non, mon cher Lecteur, n'ayez pas cette idée, les extravagances des convulsionnaires auront bientôt leur fin,

---

(*a*) Langage modeste dans la bouche d'un prêtre interdit depuis long-temps pour de justes motifs, & spécialement pour avoir crucifié sa servante qui a manqué à en mourir.

& leur ſecte périra dans l'ignominie. Oui, je le dis, Meſſieurs, & je l'aſſure, *ſans me croire cependant prophete* : la preuve que j'en donne réſulte encore de vos écrits.

« Nous avons reçu votre lettre, mon cher » Enfant, répond M. Bonjour au Sr. B**. » habitant de Fareins ; vous devez juger de » la joie qu'elle a fait à tout le monde, & » ſur-tout à une de nous qui deſire plus » de choſes qu'elle ne ſauroit vous en » dire. Elle ne vous perd pas de vue un » ſeul inſtant, toujours vous êtes dans ſon » cœur, & elle vous offre continuelle- » ment à J. C. auquel elle voudroit vous » voir appartenir tout entier. Son BB. lui » a ordonné de faire pluſieurs pénitences » pour opérer votre converſion, à laquelle » j'ai la confiance que vous ne mettrez » plus d'obſtacles volontaires, pour ne pas » prolonger ſes ſouffrances ; car ſoyez » bien perſuadé qu'elle ne ceſſera de ſouf- » frir pour vous, juſqu'à ce qu'elle vous » ait enfanté à J. C. Elle a eu les pieds » percés pour vous mercredi, & elle va » commencer une nouvelle pénitence qui » conſiſte à boire pendant neuf jours, du » fiel à ſon déjeûner, & à ſe faire percer » tous les jours pluſieurs fois la langue

» pour expier le mauvais usage que vous » avez fait de la vôtre, & vous obtenir » de Dieu que vous ne l'employiez plus » que pour sa gloire & votre salut (*a*). » Ici M. Bonjour parle des deux prêtres qui desservent la cure de Fareins ; il fait leurs éloges à rebours ; je retranche cet article : il continue. « On doit avoir fait » dire à Lyon, à votre mere, qu'elle s'at- » tende à voir bientôt revenir votre sœur, » parce que J. C. a désapprouvé son voya- » ge, & qu'il la veut avec vous : mais » tout cela est faux. Votre sœur n'a fait » que suivre la volonté de Dieu, en ve- » nant, & c'est par sa volonté qu'elle » demeure ; je vais vous faire part en peu » de mots de ce qui s'est passé en elle » depuis son départ. Le samedi veille de » la Pentecôte, selon l'avis que je lui en » avois donné, elle se prosterna pour » demander la connoissance de la volonté » de Dieu, au sujet de son voyage. Dès » qu'elle fut par terre, elle vit J. C. sous » la forme d'un petit enfant (*b*), qui lui

(*a*) Quelle nouvelle méthode pour ramener les ames à Dieu ! quelle charite dans un pasteur ! Mais mon lecteur croira-t-il à sa fourberie ?

(*a*) Eh! pourquo ne se montra-t-il pas sous la forme d'un homme fait, habille de blanc, ainsi qu'il lui avoit apparu precedemment, selon le dire de ses

» dit : *il faut que tu parte lundi avec ta com- » pagne, pour prendre le coche. Arrivées à » Châlons, vous ne prendrez pas le grand » carrosse, mais vous trouverez une voiture à » quatre places qui vous menera à Auxerre ; » vous n'aurez qu'une place pour vous deux sur » cette voiture ; vous irez à pied tour-à-tour, » afin d'avoir le temps de dire vos offices ; à » Auxerre vous vous embarquerez par le coche » jusqu'à votre destination. Soyez en paix, je » veille sur vous ; il ne vous arrivera aucun ac- » cident.* Tout cela s'est accompli à la » lettre. A Châlons, avant de sortir du » coche, il se présenta à elles un voi- » turier qui leur demanda si elles vou- » loient profiter de sa voiture, qu'il » les conduiroit à Auxerre ; mais qu'il » ne pouvoit prendre qu'une personne, » parce qu'il y avoit déja trois places de » prises : elles accepterent l'offre, & » firent le voyage tranquillement & sans » accidents (*a*).

» Le lendemain de son arrivée, » elle vint à St. Médard ; son BB. lui dit

---

apologistes, à l'époque où il lui ordonna de se faire percer les pieds à Fareins par son P. P. !

(*a*) Quelle jolie fable ! M. le Curé, eh ! combien de nuits avez-vous passées pour l'imaginer ! Mais il

» qu'il lui commandoit de se faire au
» côté gauche une plaie de la longueur
» d'un doigt, & trouée jusqu'aux os,
» & de boire, pendant toute l'octave du
» S. Sacrement, à jeûn, un grand verre
» d'urine mêlée avec de la suie de chemi-
» née. (*a*) Ce qu'elle a fait très-exacte-
» ment... Etant allé à Port-Royal, sur le
» tombeau de la mere Angélique, con-
» tinue M. Bonjour, elle vit cette sainte
» mere qui lui ordonna de manger pen-
» dant neuf jours, à son repas de midi, des
» excréments humains avec son pain (*b*),
» & de se faire percer les pieds pour
» obtenir à sa mere les graces dont elle
» a besoin à présent plus que jamais, &
» pour la conversion de son frere. Elle a
» manqué un jour à cette pénitence, &
» en punition, elle garda tout le jour
» un goût infect dans la bouche, & ne

falloit bien vous défendre de quelque maniere des justes reproches de toute une famille, à laquelle vous enlevez un bien qui n'est pas à vous, & dont vous compromettez l'honneur.

(*a*) Est-ce là le langage de J. C. dans son saint évangile ? & pourquoi M. Bonjour veut-il le faire parler après sa mort & sa résurrection autrement qu'il n'a parlé durant sa vie ?

(*b*) Si la mere Angelique Arnauld abbesse de Port-Royal, régaloit ainsi sa communauté, elle ne devoit pas avoir beaucoup de prétendantes.

» put rien manger.... Hier matin ſon » BB. lui preſcrivit une nouvelle péni- » tence, qui doit commencer mercredi, » pour une perſonne morte & pour ſon » frere. Elle conſiſte à boire tous les ma- » tins du *fiel pendant* neuf jours, & à ſe » faire percer tous les jours la langue plu- » ſieurs fois. » Cette épître contient encore une longue ſuite d'extravagances; elle finit par ces mots: « Adieu, mon » cher enfant, j'embraſſe de tout mon » cœur votre famille, votre mere, la » Guillard & les Berthier. Nos deux voya- » geuſes prient pour vous... Je vous bénis » au nom du Pere, du Fils & du Saint- » Eſprit. »

Quel nouveau régime! Eh! dites-moi, Meſſieurs, vous qui croyez épurer par ces voies les maximes du Chriſtianiſme, & faire fleurir le regne du Sauveur, eſt-ce là la méthode que ſes apôtres employerent pour ramener les peuples qui s'étoient égarés? Eſt-ce en leur faiſant avaler des aliments immondes qu'ils leur perſuaderent les vérités du ſaint Evangile? Eſt-ce ainſi que l'Etre ſuprême demande à être glorifié? Je ſais que vous abuſez du quatrieme chapitre d'Ezéchiel, pour perſuader à vos *miraculées*, que cette méthode eſt la maniere d'obtenir infailliblement le don de prophétie ; eſpérez-vous que vous réuſſirez toujours à les abuſer? Triſtes victimes ! inſtruiſez-vous & fuyez vos tyrans. Qu'annonce Ezéchiel dans cette partie de ſes écrits ? Il continue à tracer aux Hébreux, l'image des malheurs qu'ils éprouverent pendant leur captivité à Babylone ; il leur dit qu'*ils ſeront réduits à manger d'un pain cuit ſur la cendre des excréments humains.* Le prophete invoque enſuite le Tout-Puiſſant, & s'écrie : *Seigneur mon Dieu, rien d'impur n'eſt encore entré dans ma bouche.* Et le Seigneur lui répond : *Allez, ce ſera ſur la fiante de bœuf que cuiront vos aliments ; dites aux habitants de Jéruſalem, que je vais briſer leur force, qu'ils mangeront leur pain au poids & dans la frayeur ; que l'eau leur ſera meſurée, & qu'ils la boiront dans l'affliction.* Tel eſt le tableau qu'Ezéchiel trace de l'infortune des Juifs, & ce tableau n'étonnera pas un homme ſenſé. On ſait qu'il eſt des pays, en France même, où le défaut de matieres combuſtibles force à faire ſécher la fiante des animaux, & à s'en ſervir pour chauffer les fours, cuire le pain & tous les autres aliments Ainſi le pratique-t-on dans une partie de l'Afrique, à Malthe, & ſur certaines montagnes de Provence & de Dauphiné. Cette méthode devoit ſans doute affliger le peuple de la Judée, accoutumé à habiter une terre où régnoient l'abondance & la proſpérité. Mais elle ne leur fut jamais preſcrite pendant le temps qu'ils occuperent Jéruſalem & la Paleſtine. Ames effrénées! quelle ridicule manie vous force donc à flétrir par vos interprétations impures les livres que le Tout-Puiſſant a révélés? Loin d'abuſer des écrits d'un prophete, écoutez-le qui vous crie que *rien d'immonde n'eſt encore entré dans ſa bouche*; & ſi ce n'eſt pas aſſez de ſon autorité pour vous convaincre, examinez ſi les ſaints que la religion honore, ceux même que votre ſecte s'eſt donnés (*a*), ont jamais connu vos pratiques immondes (*b*).

L'exil de M. Bonjour, quoique bien mérité, devoit naturellement exciter quel-

---

(*a*) Ces Meſſieurs ont ajouté aux litanies des ſaints approuvées par l'égliſe, les noms de ſaint Janſenius, ſaint Queſnel, ſaint Paſcal, ſaint Paris, ſaint Colbert, ſaint Soennen & grand nombre d'autres.

(*b*) Si mon lecteur veut les connoître, il peut lire un livre intitulé *Myſtere d'iniquités dévoilé* &c. imprimé en 1788. Elles offenſent trop grièvement la pudeur; c'eſt aſſez qu'un ſeul écrivain en ait parlé.

que rumeur & parmi ſes miraculés, & parmi le petit nombre de ſes partiſans. A Fareins le lendemain de ſon départ, M. Farlay ſon vicaire, qui n'étoit pas encore interdit, monte en chaire & ſonne l'alarme : il prend pour texte de ſon élégie, ces paroles d'un prophete : *Percutiam paſtorem & diſpergentur oves gregis.* Il rappelle les perſécutions que l'égliſe a ſouffertes dans ſon principe ; il s'éleve avec plus d'effronterie que de vigueur contre la conduite de ſes ſupérieurs eccléſiaſtiques ; il s'emporte, & invite ſon peuple à rejeter tout autre paſteur. *Les jours de la déſolation arrivent*, s'écrie-t-il ; *bientôt les juifs vont ſe convertir & prendre la place des chrétiens qui vous environnent, & la fin du monde approche.* Les uns rient de ſon délire, & ſon éloquence n'eſt pas aſſez forte pour les convaincre ; d'autres verſent des torrents de larmes ; & c'eſt à ce ſigne, dit-il, qu'il a reconnu les élus du très-haut.

Combien de pénitences les pauvres illuminées de Fareins ne ſe ſont-elles pas impoſées ! Mais la prophéteſſe Jeanneton les raſſure, & leur dit qu'elle a eu une viſion pendant laquelle ſon BB. lui a apparu, & lui a dit que ſa puiſſance

étoit plus grande que celle des évêques & des rois ; que dans six mois son P. P. reparoîtroit, & confondroit ceux qui avoient eu la témérité d'applaudir à son exil ; que M. M*** alloit incessamment se convertir, & qu'il seroit leur consolateur & leur soutien. Ailleurs & spécialement dans une paroisse bien connue de ce diocese, le pasteur commande une neuvaine d'un nouveau genre. Je vais transcrire sa lettre, elle est adressée à la veuve P**. de Fareins. "De Marcilly-le-
„ Châtel, le 14 août 1788. --- Ma très-
„ chere sœur en J. C. notre BB. rédemp-
„ teur, le Seigneur fait faire une
„ neuvaine de discipline & de croix à
„ la tête & à l'estomac pour la paroisse
„ de Fareins. Les prodiges dont Dieu a
„ favorisé ceux qui alloient en capti-
„ vité vous feront recevoir cette an-
„ nonce comme une marque de sa
„ bonté. Quoique les croix à l'estomac
„ soient une nuage si terrible que plu-
„ sieurs rejettent cette œuvre (*a*),
„ quoique ressemblante à celle de J. C.

(*a*) Effectivement ils ont grand tort. Quel conseil ; quel rôle, quelles plaintes pour un curé.

„ en cette partie ainsi qu'en toute autre.
„ Je vous en fais part. Ce que je souffre
„ dans ces membres n'est pas un bien
„ étranger à la société des saints : tous
„ les biens spirituels sont en commun
„ dans l'église, à proportion de la part
„ que l'on y prend. Puissiez-vous m'ob-
„ tenir, en vous unissant à J. C. l'esprit
„ de cette œuvre, que je la connoisse
„ & que je m'y attache. Je suis si incré-
„ dule & si orgueilleux, que le moindre
„ nuage, pour ainsi dire, me fait perdre
„ de vue tous les prodiges. Devrois-je
„ donc vous prier de me faire part de
„ ceux dont vous êtes témoin ? N'est-ce
„ pas visiblement m'exposer à les fouler
„ aux pieds ? Quand sera-ce que j'aurois
„ ce respect pour Dieu qui me retiendra ?
„ Faites part de mes foibles desirs aux
„ amies de la vérité, & me recom-
„ mandez à vos prieres, afin que je
„ répare tant de fautes que j'ai faites en
„ votre présence, puisque je conduisois
„ ces enfants *en esclaves* & non en enfants.
„ Ce que j'attends de la divine bonté,
„ étant l'indigne pasteur qui ne fait
„ pour ainsi dire que manquer de res-
„ pect à Dieu même. *Signé tout au long*,
„ J..... curé de Marcilly-le-Châtel. »

Par

Par poſt-ſcriptum il eſt dit : " J'eſpere
„ que Dieu vous donnera la prudence
„ qui convient dans cette annonce, &
„ vous fera redoubler vos prieres pour
„ l'Agathe (a), ma pauvre paroiſſe, tous
„ ceux dont je ſuis chargé, & le pécheur
„ J..... ſuſdit curé. „

Mon lecteur me diſpenſera de commenter une lettre auſſi ridicule, & qui préſente dès ſon principe les plus grandes indécences. Je reviens à Fareins. Deux eccléſiaſtiques vertueux, du choix de M. l'archevêque & de ſon conſeil, ſont deſtinés à remplacer M. Bonjour & ſon vicaire. Que leur miniſtere devient douloureux & pénible ! Le ſieur Farl.. malgré les ordres de ſes ſupérieurs, s'obſtine à ne pas déſemparer le théâtre de ſes anciens écarts. Fidele garde des prophéteſſes & ſpécialement des deux crucifiées, il eſt ſans ceſſe autour d'elles. Mes repréſentations, mes inſtances, l'eſpoir que que je lui préſente d'obtenir un jour ſon pardon, s'il ſe ſoumet à ſes ſupérieurs, & s'il ſe retire ſuivant leur deſir dans un lieu de retraite, paroiſſent néanmoins l'ébranler : je le décide à aller

(a) C'eſt ſans doute la prophéteſſe de Marcilly.

à Lyon, je lui donne une lettre pour M. l'abbé de M***, vicaire-général. Il part : la Bernard & la Thomaſſon le ſuivent. Il paſſe à Trévoux ; ſes deux compagnes y ſont reconnues, elles y excitent une riſée publique ; des maſques les environnent, (b) & lui-même eſt bientôt couvert de boue ; la même ſcene arrive au fauxbourg de la Croix-Rouſſe. Le ſieur Farl.. ſe préſente à M. l'abbé de M*** ; on le raiſonne ; il paroît touché ; il promet tout : mais preſqu'auſſi-tôt il revient ſur ſes pas, & retourne à Fareins. Je le rencontre près du bourg ; ma ſurpriſe eſt extrême ; je le trouve furieux ; il s'emporte contre ſes ſupérieurs, il crie à l'injuſtice, il ſe répand en injures, il traverſe le bourg, & cherche par ſes paroles à y exciter un ſoulévement. Je n'étois pas ſeul : un notaire du voiſinage, les deux deſſervants, & pluſieurs perſonnes furent témoins de cette conduite vraiment ſéditieuſe. J'en demandai acte au notaire, qui dreſſa auſſi-tôt ſon procès-verbal, lequel fut ſigné de nous tous. Inſtruit du danger où cet acte pouvoit le conduire, le ſieur Farl.. reparoît le

(a) C'étoit ſur la fin du carnaval.

lendemain, me fait des excuſes, me déclare qu'il fait ſon paquet, & que dans deux jours il ne paroîtra plus à Fareins. Cependant le même jour on voit les deux crucifiées ſe préſenter à la table ſainte; & le ſoir elles parcourent la paroiſſe, racontent qu'elles viennent de conſulter N. D. de Fourvieres (a); que là *leur BB. leur a apparu & leur a appris que les nouveaux paſteurs de Fareins étoient des loups; que ce ſeroit un crime de ſe confeſſer à eux & même d'écouter leurs ſermons.* Ces diſcours quoique appuyés de la préſence du ſieur Farl.. étoient mépriſables. Je pris patience, & je n'ambitionnois que le départ de cet ancien vicaire. Il tint ſa parole; au bout de deux jours il ſe retire, & va conter à M. Souch.. curé à huit lieues de là, ſon aventure & ſes chagrins. Pendant ſon abſence nous voyons, d'une part, les miraculées & les prophéteſſes de Fareins, communier tous les jours; d'autre part, nous entendons avec douleur les plaintes publiques de beaucoup de paroiſſiens qui nous annoncent que depuis ſept ou huit ans ils n'ont

(a) L'Egliſe paroiſſiale de Lyon, à laquelle toute la province a la plus grande dévotion.

point fait de pâques; qu'ils n'étoient pas même admis à se confesser; que lorsqu'ils se présentoient à leurs pasteurs, on leur disoit, sans les entendre, que les moments de la grace n'étoient pas encore arrivés pour eux, qu'il falloit les attendre ; & ils nous citerent grand nombre d'entr'eux qui étoient morts sans sacrements (*a*).

Le but de ma mission se trouvant rempli, les deux desservants installés, & la paroisse me paroissant plus satisfaite & plus tranquille ; je repars pour Lyon. M. Sou.... avoit réchauffé le faux zele du sieur Farl.. & s'étoit généreusement offert à lui servir de mentor & d'appui. Ils prennent donc le parti de venir à Fareins ; le sieur Sou... y séjourne la majeure partie du carême, & bientôt le trouble renaît sur ce malheureux sol. Du fond de sa retraite, M. Bonjour envoie de son côté une longue instruction pastorale à son peuple ; elle est datée de Tanlay le premier février 1788. Je n'en transcrirai que quelques parties : elle

---

(*a*) C'étoit la partie du troupeau qui n'avoit pas donné dans les rêveries de M. Bonjour, ni ajouté foi aux mensonges de ses prophéteresses.

commence ainsi : " Mes très-chers en-
„ fants en J. C. notre BB. je vous écris
„ souvent, comme vous le voyez ; si je
„ le faisois aussi souvent que mon cœur
„ m'y sollicite, ce seroit tous les jours ;
„ mais je n'en ai pas toujours la liberté...
„ Continuez donc toujours de vous as-
„ sembler, mes chers enfants ; & toutes
„ les fois que vous vous assemblerez,
„ vous direz la priere qui se trouve au
„ verset 24 & suivants du quatrieme
„ chapitre des actes des Apôtres (a).
„ Prenez garde sur-tout de ne pas vous
„ laisser affoiblir par mon abscence. Elle
„ ne sera pas longue, je vous l'assure ;
„ mais elle étoit nécessaire & selon les
„ vues de Dieu..... Vous voici arrivés
„ au temps de carême... Toutes les fois
„ que vous vous assemblerez en commun,
„ vous direz toujours le pseaume 50 &
„ 122e... Quoique ce soit une regle pour
„ les vrais chrétiens de commencer le
„ carême par la confession, je ne veux pas
„ qu'aucun de vous se cherche un confes-
„ seur jusqu'à nouvel ordre. Seulement
„ je vous exhorte beaucoup, comme le

(a) Cette priere finit par ces paroles : *Quia fremuerunt gentes & populi meditati sunt inania.*

„ conseille l'apôtre St. Jacques, de vous „ humilier les uns devant les autres, des „ fautes où la fragilité humaine pour- „ roit vous faire tomber. Ces avis ne re- „ gardent que vous autres : ainsi vous n'en „ ferez part à personne. Vous lirez ma „ lettre à toute l'assemblée. Adieu, mes „ chers enfants, priez Dieu pour votre „ pere ; je vous embrasse tous dans la „ charité de J. C. notre BB.... N'ou- „ bliez pas dans vos prieres nos persé- „ cuteurs, & sur-tout M. M***. Adieu „ encore une fois : aimez autant qu'il „ vous aime votre tendre pere, prison- „ nier de J. C. „

M. Bonjour avoit oublié dans cette lettre de donner à ses paroissiens des avis sur la communion : il les adresse peu de jours après au sieur Farl.. " Si quelqu'un „ des miens, lui dit-il, s'adresse à vous „ pour vous demander des avis, conseil- „ lez suivant l'inspiration que Dieu vous „ donnera, vous suivrez pour la com- „ munion de la Jean. & de la B. les avis „ de la B. M. M. (a) Ayez soin sur-tout „ de recueillir tout ce qui leur sera dit.

(a) Bienheureuse maman, je ne sais pas le nom de cette prophéteſſe.

„ Pour la Poizat, pendant le carême, „ elle fera comme moi, elle jeûnera de „ son BB. à moins que je ne change „ l'ordre par la suite. Demandez-lui si la „ nuit du 30 au 31, mercredi dernier, „ elle n'a pas eu un songe, & vous me „ l'écrirez. „ Dans le même temps M. Bonjour écrit aussi à M. l'abbé Comte, premier desservant, & lui marque : " Monsieur, j'ai appris depuis „ peu, dans le lieu de ma retraite, que „ huit archers avoient été vous installer, „ vous & un certain M. Lambert, en „ qualité de desservants & vicaires de „ la paroisse de Fareins. Je ne sais par „ ordre de qui tout cela s'est fait, ni si „ quelqu'un a aucun droit sur cette pa- „ roisse. Tout ce que je sais, c'est que „ j'en suis curé, & vous n'ignorez pas „ que je ne suis mort ni civilement, „ ni naturellement. . . Je suis donc pas- „ teur de ce troupeau, & *pasteur unique* ; „ personne autre que moi n'y a droit, & „ moi seul puis y mettre en mon ab- „ sence les vicaires qui y seront néces- „ saires. . . . Je ne puis donc vous re- „ garder que comme des *intrus*, pour ne „ rien dire de plus. En conséquence je „ vous signifie par la présente (si mon

„ fondé de pouvoir ne l'a pas déjà fait légalement) (*a*), que je vous refuse tout „ pouvoir, que je vous ôte toute jurif„ diction fur mon peuple... Si ce qu'il „ y a de chrétiens & d'inftruits dans ma „ paroiffe méprife votre miniftere, je ne „ veux point vous laiffer ignorer que „ c'eft par mon ordre, que je leur ai dé„ fendu de vous écouter. *Signé* Bonjour, „ curé de Fareins. „

Dans ces intervalles, M. Sou.... fecondoit de fon mieux les deffeins de M. Bonjour. Déja les *illuminées* prennent le parti de n'entrer à l'églife, pour aller à la meffe, qu'après l'évangile, afin d'éviter d'entendre les prônes & inftructions des deffervants. Le fieur Sou.... vole de prophéteffe en prophéteffe ; il préfide à leurs affemblées clandeftines. Dès-lors elles s'abfentent totalement des vêpres & les récitent entr'elles. M Sou.... ne fe contente pas d'apoftolifer dans les écuries & les celliers, il devient jurifconfulte, & compofe un mémoire en faveur du fieur Farl.. Les circonftances veulent que ce mémoire, écrit de fa

(*a*) Il ne l'a pas ofé.

main, ſorte de ſa poche : on le trouve. Que de force & de pouvoir il donne à ſon client ! Ce nouveau canoniſte prétend que le ſieur Farl.. une fois attaché à Fareins en qualité de vicaire, ne peut être interdit de ſes fonctions miniſtérielles que par le curé titulaire de ce lieu. Cette faculté, ajoute-t-il, n'appartient en aucune maniere à ſon évêque, à moins qu'il ne le traîne dans les priſons, & qu'il lui faſſe ſon procès. Le juge laïc n'a de même aucun droit ſur ſa perſonne, & à plus forte raiſon le juge ſeigneurial ; ainſi qu'a-t-il à redouter de leur part ? A l'égard de l'official, il eſt aiſé de ſe débarraſſer de lui, par un appel comme d'abus. Donc le ſieur Farl.. peut continuer de dogmatiſer à Fareins, & de fanatiſer de plus en plus le malheureux peuple de cette paroiſſe.

De nouveaux événements viennent néanmoins mettre obſtacle à tous ces beaux projets. D'un côté le juge de la baronnie fulmine & prohibe, ſous peine d'amende, les aſſemblées nocturnes & clandeſtines de Fareins : d'autre part, un ordre du roi exile le ſieur Farl.. chez ſon pere, tonnelier dans les environs de Boin en Forez. Bientôt auſſi le ſieur Sou.... prend peur & ſe retire.

Un des ſept eccléſiaſtiques dont j'ai parlé ci-devant vient prendre ſa place : mais la congrégation de Montmerle dont il dépend, s'aſſemble, arrête de dénoncer à M. de Montazet, la brochure intitulée : *Lettre d'un curé du dioceſe à ſes confreres, ſur l'enlévement de M. Bonjour*, & demande qu'elle ſoit légalement condamnée comme renfermant un ſyſtême monſtrueux, blaſphématoire, impie, &c. (*a*) Le ſucceſſeur de M. Sou.... s'intimide à ſon tour, & ne paroît plus.

M. Bonjour ne tarde pas à s'évader de ſon lieu de retraite & d'exil ; il fuit ſe cacher à Paris ; & de là il continue à diriger par ſes écrits le malheureux peuple de Fareins. Mais peut-il ſe glorifier du déſaſtre de cette paroiſſe ? Elle raſſemble quatorze cents perſonnes; il s'y faiſoit juſqu'à vingt mariages par an, & depuis trois années elle n'en

---

(*a*) Cet écrit plein de lumiere & de ſageſſe ſera tranſcrit tout au long à la ſuite de mon ouvrage.

compte qu'un ſeul, encore eſt-ce un mariage qu'une groſſeſſe antécédente avoit forcé. De toute part on y entend les femmes s'écrier que l'enfer n'eſt peuplé que par elles. Beaucoup ſe ſéparent de leurs maris, & préferent la déſunion de leur ménage. Forcées à des jeûnes ſuperflus & à des macérations vicieuſes; entraînées dans des aſſemblées nocturnes, & qui ne ſe ſéparent d'ordinaire qu'à deux heures du matin, leur force s'affoiblit, leur ſanté s'altere, & les travaux champêtres ſont viſiblement négligés. Que dirai-je de ces œuvres menſongeres, de ces miracles ſuppoſés, de ces viſions extravagantes dont il entretient leur crédulité? Ah! ſi la fin du monde approche, ſi le prophete Elie eſt ſur la terre, ſi la loi de J. C. doit s'épurer, eſt-ce par des ſyſtêmes que la religion rejette & que la raiſon abhorre, qu'on le démontrera à des hommes ſages & ſenſés? Eſt-ce par des opérations barbares, par les ſonges puérils & très-ſouvent obſcenes d'une prétendue *miralée* dont on a affoibli la raiſon ou captivé la foibleſſe?

Je n'entretiendrai pas long-temps mon lecteur de ces viſions & de ces ſonges que les ſecouriſtes admirent dans leurs convulſionnaires, & qu'ils proclament comme des inſpirations de leur BB. Ma plume ſe laſſe, & mon cœur répugne à leur langage ſi ſouvent impudique. Qu'elles ſe contentent de raconter comme une merveille, qu'elles ont vu pendant une année entiere, un petit oiſeau qui voloit autour d'elles, & que leur BB. leur a dit que c'étoit leur bon ange. Que d'autres fois, en faiſant leurs prieres, & bien éveillées, elles ont apperçu des clartés extraordinaires, des beautés inexprimables, des trônes les uns ſur les autres, & que c'étoit le Ciel. Qu'en une autre circonſtance elles ont vu une grotte parfaitement décorée, & qu'elles ont préſumé que c'étoit la grotte où Ste. Magdelaine s'étoit retirée pour faire pénitence. Je leur paſſerai ces contes bleus, & j'en amuſerai les enfants qui ſeront autour de moi. Mais ſe bornent-elles là ? Ah! Meſſieurs, je vous en épargne la honte; & ſi mon lecteur eſt abſolument jaloux de tout ſavoir, je le prie de recourir au livre que j'ai déja cité, intitulé : *Myſtere d'iniquités dévoilé* ; il complétera ce que j'ai cherché à prouver dans cette ſeconde partie. Je paſſe à la troiſieme.

TROISIEME PRINCIPE

ET

TROISIEME MOYEN.

Que le rédacteur des derniers arguments employés dans l'écrit en faveur de messieurs Bonjour, est d'une mauvaise foi évidente; que ses relations portent sur des objets dont l'imposture a déja été dévoilée, & que les merveilles qu'il annonce sont egalement des faits controuvés.

POUR faire passer l'œuvre du BB. pour la rendre imposante auprès des foibles & redoutable aux ames fortes, il falloit bien des miracles. Miracles de punition, s'écrient les secouristes, miracles de création. Accourez donc, peuples qui êtes à portée de connoître les merveilles du Très-Haut, venez adorer sa puissance. Mais non, ils choisissent les lieux les plus isolés & les plus secrets; ils s'enferment bien chez eux; la présence des personnes sans prévention, & qui cherchent à approfondir, leur est suspecte,

& le miracle eſt toujours opéré quelques années avant qu'ils le publient. Et certe, Meſſieurs, pour le coup vous avez raiſon ; puiſque toutes les fois que vos prétendus prodiges ont été examinés & légalement diſcutés, autant de fois le menſonge & la fourberie en ſont devenus le honteux réſultat. Je vais le prouver à mon lecteur, & je ſerai court.

L'œuvre des convulſionnaires date de l'année 1728. La ville de Paris fut ſon berceau, & le tombeau du diacre Paris y prêta l'occaſion. Il mourut à l'âge de trente-ſept ans. Les pauvres qu'il avoit ſecourus, quelques autres perſonnes qui l'avoient aimé, le regretterent & pleurerent ſur ſa tombe. Et vous, Meſſieurs, vous voulûtes en faire un ſaint : & quel fut votre motif? Perſonne ne l'ignore ; il avoit ſigné le fameux appel de la bulle *Unigenitus*, & du formulaire d'Alexandre VII ; & ſa ſainteté prouvée par des miracles, enrichiſſoit la cauſe des appellants. Vous recueillîtes cinq prodiges, & quelques-uns d'entre vous imaginerent d'envoyer ſur ſon tombeau des énergumenes & des prétendus démoniaques : mais trop publiquement baffoués, on les vit bientôt difparoître. Votre unique reffource fut donc de préfenter requête à M. de Noailles, alors archevêque de Paris, à l'effet qu'il lui plût faire conftater juridiquement de la vérité de cinq miracles, *comme étant*, eft-il dit, *un petit nombre de tant d'autres faits qui intéreffent tous la gloire de Dieu, la religion & le falut des peuples, &c.* Le cardinal rend fon ordonnance, portant commiffion d'informer; mais la mort de cet illuftre prélat, arrivée le 4 mai 1729, arrête le cours de la procédure. M. de Vintimille Duluc lui fuccede fur le fiege de Paris: fon promoteur reprend l'information. Les cinq perfonnes fur lefquelles les prétendus prodiges s'étoient opérés, étoient Jean Nivel, fourd & muet de naiffance; Pierre Léro, guéri de plufieurs ulceres à la jambe; Marie-Jeanne Orget, délivrée d'une éréfipele placée fur les parties que la pudeur ordonne de taire; la Dlle. de Laloé, guérie d'un mal de fein, & la demoifelle Maffaron, paralytique.

Jean Nivel comparoît le premier; on le trouve fourd & muet, comme il l'avoit toujours été, & procès-verbal en eft dreffé. Pierre Léro eft convaincu par ſon médecin, qui déclare que ſon mal n'étoit pas incurable ; & il eſt prouvé qu'il a reſté dix jours dans ſon lit après ſon pélérinage ſur le tombeau du diacre Paris ; que ce ſeul repos a pu guérir radicalement & clorre des plaies qui n'étoient pas anciennes. Marie-Jeanne Orget, ſe trouve morte dans le temps où l'information ſe fait ; & à l'égard de Mlle. de Laloé, l'impoſture ſe dévoile d'elle-même ; ſa déclaration n'étoit qu'une ruſe : elle étoit enceinte à l'époque où elle publie le miracle. Quelques jours avant, elle étoit allé trouver une ſage-femme, pour traiter de ſon accouchement ; & dans le temps de l'information, ſes déréglements ſoutenus avoient forcé ſes parents de la faire enfermer dans une communauté religieuſe à la Fleche. Or, dit ſaint Thomas : *quand Dieu guérit le corps, il guérit auſſi l'ame.* Le miracle en faveur de la Dlle. Maſſaron tombe également, en ce que les témoins ſe contrediſent : l'un dit qu'elle eſt entrée chez elle ſans aucune aide ; une autre, qu'elle n'étoit ſoutenue que par une perſonne ; & un troiſieme, qu'elle ne put monter dans ſa chambre au premier étage *qu'à quatre pattes* ; & les médecins qui la voyoient atteſtent que ſa maladie n'étoit pas incurable.

D'après cette information, M. de Vintimille rend ſon ordonnance qui déclare ces cinq miracles témérairement publiés, deſtitués de preuves, & non dignes de créance : il défend en conſéquence de les proclamer en quelque lieu que ce ſoit de ſon dioceſe. Ce peu de réuſſite n'arrêta néanmoins pas les partiſans de la nouvelle œuvre. Miracles de punition, s'écrient-ils ! miracles de converſion ! Miracle de punition; c'étoit une veuve nommée Delorme, qui étoit tombée dans une attaque de paralyſie en traverſant le cimetiere de Saint-Médard, pour s'être moquée, diſoit-on, des miracles opérés par le ſaint Diacre. Elle avoit été tranſportée à l'hôtel-dieu. On va la voir, on lui demande s'il étoit vrai *qu'elle fût allée au tombeau de M. de Paris par un eſprit de moquerie. Elle répond qu'elle n'y avoit jamais penſé.* On lui demande encore ſi elle ſe trouvoit incommodée avant d'aller en ce lieu, *Elle répond que oui.* Le ſoir elle ſe trouve viſitée par beaucoup de perſonnes ; & comme on entend dire qu'elle a changé de langage, on l'interroge le lendemain. Elle répondit le contraire de ce qu'elle avoit dit la veille (a). Auſſi-tôt on publie ce miracle de converſion, & une nouvelle bande de convulſionnaires & de prétendus poſſédés, eſt envoyée au cimetiere de Saint-Médard : mais arrive un ordre du roi qui le fait clorre.

Je ſaiſis d'avance l'objection que peuvent me faire ici les partiſans de ces miracles, & ceux d'entr'eux qui ont dans la ſuite épouſé le ſyſtême horrible des convulſionnaires & des ſecouriſtes. Ils me peindront M. de Vintimille comme l'évêque de ſon temps le plus oppoſé à l'opinion des appellants. Il n'avoit garde, diront-ils, de rien approuver qui pût nuire à la cauſe des défenſeurs de la conſtitution ; ſon témoignage eſt ſuſpect. Hé bien, Meſſieurs, quand vous auriez raiſon, ce n'eſt certainement pas la vie du diacre Paris, imprimée en 1788, qui me le perſuadera (b). Quelle foule d'abſurdités vous mettez dans ſon cœur & ſur ſes levres !

(a) Voyez les œuvres de dom de Lataſſe, lettre théologique VIII.

(b) Ces Meſſieurs ſe ſont plu à la répandre avec profuſion dans notre province.

Je n'entreprendrai pas de les décrire. Quiconque lira avec impartialité cette hiſtoire, penſera comme moi ; & le plus ferme appellant, s'il eſt de bonne foi, rejettera votre ouvrage. Que ſignifie cette converſation que vous lui faites tenir avec un bénédictin qu'il rencontre dans ſa route (a) ? Il commence par déclamer longuement contre la bulle ; il proclame ſon appel ; il prend enſuite un ton prophétique, annonce mille chimeres, prédit vos convulſions ; vous lui faites dire à ce religieux : *Mon pere, ne chantez point l'*Ite miſſa eſt *à la meſſe, ſur le ton de Noël, cela vous fera perdre une partie de l'attention que vous devez au ſaint ſacrifice.* --- Et un peu plus loin : *Mon pere, avant la meſſe on vous invitera à prendre une taſſe de chocolat, & enſuite un verre de liqueur, & cela ſous prétexte de réconciliation : vous vous contenterez de l'un des deux ; c'eſt bien aſſez.* Vous le condamnez enſuite à éprouver des convulſions qui ſe trouvent, dites-vous, *les ſignes avant-coureurs* de celles qui ſe ſont dans la ſuite manifeſtées au milieu de vous. Durant leur cours, il

(a) Voyez les pages 101 & ſuivantes de cette vie.

ſe roule par terre, il pleure, *il rugit*, il ſe ſaiſit *d'un cœur de fer qu'il portoit toujours ſur lui*, ſe frappe la poitrine à coups redoublés, & ſon ſang coule à grands flots. Il eſt vrai, Meſſieurs que le diacre Paris ſe frappe lui-même & ne bat pas les autres; mais vous faites le contraire. A chaque page vous nous parlez de ſon oppoſition à la bulle & au formulaire; vous nous peignez ſon antipathie ſi grande, qu'on en doit conclure que ceux qui ont ſouſcrit à ces décrets du ſiege de Rome, ont par-là même abjuré la foi, & qu'ils ſe trouvent par conſéquent bien éloignés de la voie du ſalut.

Dès le bas-âge vous nous le déclarez l'ennemi juré de toute modération ſur cet article. Préſenté à M. de Ségur, évêque de Saint-Papoul, alors théatin, il le prend pour un jéſuite; auſſi-tôt il ſe cache le viſage avec les deux mains, & jamais on ne peut obtenir qu'il le découvre. Sur le déclin de ſes jours, couché ſur le lit de la douleur, vous lui mettez des ſentiments plus extrêmes que jamais dans la bouche. En un mot, Meſſieurs, vous nous dépeignez un préſomptueux, un énergumene, un orgueilleux, un homme qui ne poſſéda jamais ſon ame avec patience, un meurtrier de soi-même, un être incapable de toute modération : un tel homme est-il donc un saint ? Ainsi ou l'histoire de ce diacre de l'église de Paris, que vous avez répandue avec profusion dans nos provinces, est fausse dans la majeure partie de ses faits; ou le jugement porté par M. de Vintimille sur les prétendus miracles opérés sur sa tombe, est évidemment juste, & repousse toutes vos objections. Je passe à vos convulsions.

Après la clôture du cimetiere de Saint-Médard, elles passerent, dit le nouvel écrivain de la vie de M. de Paris, dans l'intérieur des maisons. Pourquoi n'ajoute-t-il pas, que comme elles changerent de face, il fallut s'enfouir dans des souterrains, ou se cacher dans des greniers ? Dès-lors il n'y eut plus que les enfants de l'œuvre qui furent admis à être témoins de ces hautes merveilles. Bientôt les disciples du diacre Paris entreprirent *de frapper sur le ventre des femmes à coups de bûches, de leur percer les seins avec des broches ou des épées, de les attacher à des croix*. C'est ce qu'ils publierent à la suite des temps dans leurs écrits. Ils annoncerent aussi bien d'autres prodiges;

mais déclarerent-ils toujours la vérité ? Je n'en crois rien. Ce qu'il y a de certain, c'eſt que quand une femme à la ſuite de leurs opérations barbares étoit morte, ils le cachoient avec ſoin, ils nioient tout, & leur cœur ſe repoſoit ſur ce principe, que Dieu doit ſauver l'ame de celui qui a obéi à ſes commandements (*a*).

Partiſans forcenés d'une entrepriſe auſſi impie, eſt-ce à l'école du diacre Paris que vous avez appris à enfanter de pareils monſtres ? Et s'il ne vous l'a pas enſeigné pendant ſa vie, pourquoi vous l'inſpireroit-il après ſa mort ? Mais je ne ſuis pas encore arrivé à mon plus fort argument contre vous. Dites-moi pourquoi les nouveaux ſaints que vous avez inſcrits dans votre martyrologe, n'ont jamais admis vos prodiges, ni autoriſé vos œuvres ? Dites-moi d'où vient les auteurs ſpirituels, que vous célébrez, & dont les ouvrages ſont, ſelon vous, les ſeuls de notre ſiecle qui puiſſent dignement inſtruire les chétiens, loin d'être vos partiſans, ont conſacré leur temps à foudroyer votre audace ? Mille

---

(*a*) Conſultez ſur ce point le livre intitulé : *Myſtere d'iniquités dévoilé*, &c.

fois convaincus par leur plume, pouvez-vous être reçus à nous répeter les delires d'un magiſtrat égaré (*a*) ? Au reſte que nous rapporte-t il dans ſes écrits ? Ce ne ſont pas des morts reſſuſcités, des rivieres miſes à ſec, des ſourds & des aveugles-nés qui recouvrent l'ouie & la lumiere ; ce ne ſont pas des miracles du premier genre. *Ces prodiges vous étoient impoſſibles*, dit un fameux auteur, *parce que la force de l'imagination ne pouvoit rien dans vos convulſionnaires ſur ce qui dependoit de l'ordre naturel* : ce ſont quelques malades guéris, mais dont la guériſon eſt publiée à des époques reculées, & n'a jamais été légalement conſtatée ; ce ſont des femmes en convulſion qui récitent au milieu de vous des prieres, & annoncent la parole de Dieu, contre le précepte de l'apôtre qui leur défend de prêcher, & leur ordonne de ſe taire dans l'aſſemblée des fideles ; qui débitent des rêveries & prophétiſent, quoique, comme dit M. Nicole, Dieu, qui n'emploie pas ſans néceſſité les voies qui ne ſont pas naturelles, n'ait preſque jamais donné le don prophétique qu'à des

(*a*) M. Carré de Mongeron.

hommes. Ce ſont des coups de bûches & de pilon, donnés par grace ſpéciale à ces pauvres créatures, mais dont M. Hecquet (*a*), dans ſon livre intitulé : *le naturaliſme des convulſions*, a ſi bien expliqué les cauſes phyſiques & détruit l'illuſion ; ce ſont des femmes, & jamais des hommes, devenues les inſtruments de la magie d'une bande de ſecouriſtes indécents, & ſur leſquelles s'operent des faits barbares, impudiques & monſtrueux ; ce ſont des œuvres que meſſieurs Colbert évêque de Montpellier, Soanen évêque de Senez, de Caylus évêque d'Auxerre, Boſſuet évêque de Troye (*b*), ont condamnées hautement, que MM. Duguet, Bourſier, Petitpied, de Témare, Legros, Méſanguy, Goullin, Coullard, &c. ont également proſcrites (*c*).

Voilà ſans doute bien des autorités

(*a*) Médecin célebre par beaucoup d'autres écrits.

(*b*) Ces évêques ſont du nombre de ceux que les ſecouriſtes ont inſcrit dans le catalogue de leurs ſaints.

(*c*) Mon lecteur me diſpenſera de lui rapporter ce qu'ont écrit ces théologiens contre les ſecouriſtes ; il ſe rappellera que ces auteurs ſont ceux dont les ouvrages ſont proclamés par ces Meſſieurs, parce qu'ils étoient appellants.

contre

contre vous. D'une part, les naturaliſtes ont anéanti vos prodiges, & de nos jours ceux qui ont étudié les regles du magnétiſme, ſont parvenus à nous apprendre des merveilles dans l'ordre de la nature qui ſurpaſſent peut-être toutes vos découvertes (*a*). D'autre part, les évêques que vous proclamez, les auteurs que vous célébrez, ſe ſont élevés contre vos œuvres. Je ne parle pas de tant d'autres illuſtres perſonnages, de tous les évêques de France, de tous les corps eccléſiaſtiques qui ſe ſont clairement expliqués ſur le fait de vos prétendus *miracles*. Terraſſés à chaque pas, y a-t-il de la bonne foi à répéter des faits dont la fourberie, le délire & la perverſité ont été ſi ſouvent démontrés? Il ſeroit ſuperflu que je m'étendiſſe plus long-temps à compléter cette preuve; ſi mon lecteur veut accroître ſa conviction, je l'invite à recourir aux lettres théologiques de dom Lataſſe, & à un nouvel ouvrage publié par le R. P. Cr**, dominicain, intitulé:

(*a*) N'ayant fait aucune étude ſur le magnétiſme, attendu qu'elle ne ſympathiſe pas avec mon état. Mon lecteur voudra bien me diſpenſer d'expoſer leur œuvre & leur ſyſtême.

Notions de l'œuvre des convulsions & des secours, &c.

Baffoués à Paris & par-tout où leur fanatisme s'étoit développé, les secouristes espéroient-ils cueillir des lauriers dans notre ville & dans ses environs ? Ils y ont formé quelques partisans ; mais ces partisans pouvoient-ils réussir à tromper le vertueux prélat dont ils ont déchiré la belle ame, & peut-être accéléré la mort? Ah! si sa plume éloquente n'a pas eu le temps de foudroyer leurs excès, la providence toujours sage au moins a permis que tout son peuple connût ses sentiments à leur égard ; & pour se venger contre leur bienfaiteur & leur pere, on a vu ces frénétiques porter la fureur jusqu'à l'attaquer dans leurs écrits. Ce n'étoit même pas assez de les répandre avec profusion : l'édition épuisée, ils l'ont remplacée par une autre, & l'ont accrue par des notes malignes, encore plus mensongeres & par là méprisables. Pensoient-ils être trop bien armés pour qu'on osât se présenter & lutter avec eux? Qu'y a-t-il donc à risquer? Une seule chose pouvoit retenir, c'étoit le voile épais que la charité invitoit à tirer & sur eux, & sur leurs écarts; mais ils l'ont eux-mêmes déchiré pour se couvrir d'un autre, & c'est celui de l'imposture qu'ils ont emprunté. Ne devions-nous pas le détruire à notre tour ? Pouvions-nous laisser dans le bourbier les malheureuses victimes que ces Messieurs y ont précipitées ? Puisse ma lettre les détromper & les convaincre ! Puisse-t-elle aussi dessiller les yeux au petit nombre de secouristes qui sont répandus dans ce diocese ! Puisse enfin la postérité apprendre que, si ce fanatisme a pu percer au milieu de nous, un nouveau prélat, pere de son peuple & l'ami de nos rois, a su, par sa vigilance & la sagesse de ses vues, l'anéantir en moins de temps qu'il n'en avoit fallu pour le propager & le répandre.

Nota. Si les personnes que j'ai cherché à combattre doutent de la véracité des lettres manuscrites que les circonstances m'ont forcé de mettre au jour, je leur déclare qu'il leur est libre de venir les confronter dans mon domicile.

REQUÊTE

Présentée à M. DE *MONTAZET, par Messieurs les Curés composant la congrégation de Montmerle en Dombes.*

MONSEIGNEUR,

LES soussignés curés du diocese de Lyon, assemblés en congrégation à Montmerle le 5 de mai 1788, après avoir pris lecture d'une brochure qui a pour titre : *Lettre d'un curé du diocese de Lyon à ses confreres, sur les causes de l'enlevement de M. Bonjour, curé de la paroisse de Fareins en Dombes;* & l'un des membres de cette congrégation, se croyant obligé d'étaler leurs sentiments au yeux du prélat qui gouverne le diocese avec autant de prudence que de lumieres, & auquel ils se font une gloire spéciale d'être absolument dévoués.

Les soussignés formant le plus grand

nombre de ladite congrégation, déclarent hautement & de toutes leurs forces, qu'ils regardent les prétendus miracles de Fareins comme le fruit de l'erreur & du mensonge; en conséquence ils dénoncent à l'officialité de ce diocese la brochure dont est question, comme tendante à compromettre & anéantir toute autorité légitime.

Qu'il est triste, dit l'auteur dans les pages 57 & 58, *qu'on ait empêché notre évêque de marcher sur les traces du plus grand de ses prédécesseurs, & qu'on ait réussi à mettre sa conduite en contradiction avec la sienne !*

Pour retracer les talents & les vertus de St. Irénée & des grands évêques qui ont rempli le siege de Lyon, il faut adopter le système des Jansénistes convulsionnaires; quelle inconséquence! quelle absurdité! quelle audace!

Nous dénonçons cette brochure, comme renfermant un système monstrueux, blasphématoire, impie, qualifiant d'œuvre de Dieu, un système frappé des anathêmes de l'église, & qui ne doit la frêle existence dont il jouit depuis cinquante ans, qu'à l'obscurité de ses sectaires.

Et par ce que l'auteur, dans la page 83,

ſemble nous annoncer de nouvelles lettres dans le genre de celle-ci, nous eſpérons que la flétriſſure qu'il éprouvera de la part de l'officialité, mettra un frein à ſa plume téméraire & audacieuſe.

Et à l'égard de la maniere outrageante dont l'auteur, dans la page 94, traite le deſſervant actuel de la paroiſſe de Fareins, M. Comte; ce traitement eſt une ſuite de la charité dont cette ſecte eſt animée, laquelle s'imagine, en faiſant les plus grands maux, avoir le privilege excluſif de faire le bien, & qui ne craint pas d'accuſer les paſteurs les plus zélés dans le ſaint miniſtere, d'ignorants & d'aſſaſſins des ames, qui ſe contentent de blanchir des ſépulcres.

Au demeurant, nous certifions tous que M. Comte a rempli ſes devoirs avec tout le zele & toute la prudence poſſibles; que dans les commencements, ſon miniſtere dans la paroiſſe de Fareins faiſoit du bruit, & qu'il eût continué d'en produire de plus en plus, ſi les partiſans du ſieur Bonjour, répandus quelquefois publiquement, ſouvent ſecrétement dans ladite paroiſſe, n'euſſent décrié ſon miniſtere & entretenu le fanatiſme qui y regne encore, & cela ſans doute pour induire le prélat en erreur, & le persuader que ledit Bonjour étoit essentiel dans cette paroisse, tandis que, de l'aveu de toutes les personnes honnêtes & éclairées du canton, rien ne convient davantage que son éloignement perpétuel.

En foi de ce, nous avons signé les présents dénoncé & certificat, dans l'espérance que l'on fera droit à nos demandes.

A Montmerle, le jour & an que dessus, & ont signé PEISSON, curé de Montmerle; MOREL, curé de Messimy; PARRET, curé de Genouilleux; SIBERT, curé de Chaleins; POSCEL, curé d'Amareins; BENNASY, curé de Lurcy; GAYET, curé de Guérin; COMTE, desservant de Fareins; VALENÇON, vicaire de Chaleins; COUDURIER, vicaire de Montmerle, *secrétaire.*

www.ingramcontent.com/pod-product-compliance
Ingram Content Group UK Ltd.
Pitfield, Milton Keynes, MK11 3LW, UK
UKHW020326250726
13967UKWH00004B/1882